Jan-Uwe Rogge / Bettina Mähler

Lauter starke Jungen

Ein Buch für Eltern

Rowohlt

1. Auflage März 2002
Copyright © 2002 by Rowohlt Verlag GmbH,
Reinbek bei Hamburg
Alle Rechte vorbehalten
Umschlag- und Einbandgestaltung
any.way, Kathrin Romer
(Foto: IFA-Bilderteam)
Satz Utopia PostScript, PageMaker
bei Pinkuin Satz und Datentechnik, Berlin
Druck und Bindung Clausen & Bosse, Leck
Printed in Germany
ISBN 3 498 05765 0

Die Schreibweise entspricht den
Regeln der neuen Rechtschreibung.

Inhalt

Starke Jungen brauchen starke Eltern, starke Eltern brauchen Phantasie, Einfühlungsvermögen, Klarheit und häufig gute Nerven. In diesem Sinne: Wir wünschen viel Spaß mit starken Jungen!

Vorwort

Die Mutter von Nadja und Maximilian (zehn und acht Jahre) berichtet, dass sie *Kinder brauchen Grenzen* nochmals ganz genau studiert und dabei bemerkt habe, es gebe im Grunde keine entscheidenden Unterschiede im Verhalten von Mädchen und Jungen. Nur beim Thema Aggressionen tauchten ausschließlich Jungennamen auf. Sie halte das nicht für Zufall. «Diese Wutausbrüche von Max machen mir schon Probleme. So ein Theater gab es mit Nadja nicht.»

Ähnlich äußern sich viele Eltern. In Briefen, auf Elternseminaren und in der Familienberatung wird dann auch oftmals der Wunsch nach einem Buch über die Erziehung von Jungen laut, denn, so eine Mutter in einer Mischung aus Selbstzweifeln, Ohnmacht und Resignation: «Drei Mädchen habe ich großgezogen, aber mein Sohn lässt mich verdammt alt aussehen. Der provoziert und fordert mich, wo er nur kann!»

Dieses Buch soll also dem oft artikulierten Bedürfnis von Eltern nachkommen, Begleitung bei der Erziehung ihrer Söhne zu erhalten. Uns fiel das deshalb leicht, weil wir selbst Jungen ins Leben begleitet haben bzw. begleiten: Jan-Uwe Rogge hat einen erwachsenen Sohn, Bettina Mähler ist täglich mit zwei Söhnen gefordert.

Die eigenen Erfahrungen sind in diesem Buch wichtig: Wir wollten keine abstrakte pädagogische Abhandlung über Jungen vorlegen oder die Eltern mit unerbetenen Ratschlägen voll stopfen.

Wer Jungen ins Leben begleitet, tut gut daran, sie nicht als Sorgenkinder, als benachteiligtes Geschlecht zu beweinen, wie es zurzeit gerade «in» ist. Wir stimmen nicht in das Klagelied ein. Denn Jungen brauchen kein Mitleid. So eine Haltung nimmt sie nicht ernst.

Jungen wollen Mitgefühl, sie wollen so angenommen sein, wie sie sind, sie wollen Halt, sie fordern Orientierung, sie erkämpfen sich Freiheiten, aber sie wollen auch in die Verantwortung genommen werden, wenn sie Absprachen missachten, Grenzen übertreten und Regeln verletzen.

Es gibt weniger «geschlechtsspezifische» Unterschiede, als man meint. Zweifelsohne gibt es typische Verhaltensweisen von Jungen und Mädchen, aber viele zu beobachtende Unterschiede sind eher das Ergebnis von (elterlicher) Zuschreibung als ein Ausdruck biologischer Voraussetzungen.

Deshalb bietet unser Buch nicht nur Tipps für den Alltag an, sondern es vermittelt auch einen Einblick darin, wie durch mütterliche oder väterliche Zuschreibungen eine «typische» Verhaltensweise erst entsteht.

Besonderen Wert haben wir darauf gelegt, die körperlichen und seelischen Entwicklungsetappen von Jungen zu beschreiben, denn Gespräche mit Eltern zeigten immer wieder, wie lückenhaft das Wissen über die Entwicklung von Jungen ist. So wollen wir die Handlungssicherheit im pädagogischen Alltag verstärken.

Denn Probleme, die im Umgang mit Jungen entstehen, liegen eben nicht allein in den Erziehungsfehlern begründet, häufiger drücken sich so die heftigen Entwicklungsschübe aus, die Jungen durchmachen. Die Kenntnis solcher Zusammenhänge sollte zu mehr Ruhe und Gelassenheit beitragen, auch wenn Stürme die Eltern-Sohn-Beziehung schier unerträglich werden lassen.

Jungen ins Leben zu begleiten heißt von ihnen zu lernen – von ihrer Intuition, ihrer Spontaneität und ihrer Fähigkeit, ständig für Überraschungen gut zu sein.

KAPITEL 1

Sichtweisen – Väter und Mütter über ihre Söhne

«Ein richtiger Junge» – damit verbindet jeder von uns Vorstellungen. Tapfer, selbstbeherrscht, durchsetzungsfähig, laut und wild zum Beispiel. Die kindliche Entsprechung zum Macho also. Wenn Eltern erfahren, welches Geschlecht ihr Kind haben wird, stellen sich diese Vorstellungen wie automatisch ein. Gemischt mit anderen Bildern allerdings von sensiblen, sanften, kooperationsfähigen Söhnen. Entsprechend ist die Erwartungshaltung vieler Eltern an ihre Jungen: Sie sollen gleichzeitig den traditionellen wie den neuen Vorstellungen entsprechen. Das ist ein Dilemma für die Eltern *und* für die Söhne. Die einen müssen einen Erziehungsspagat, die anderen einen Verhaltensspagat machen. Oder lassen sich die verschiedenen Vorstellungen doch verbinden? Gibt es so etwas wie einen «neuen Jungen»? Und wünschen sich tatsächlich alle Eltern ein solches Kind? Oder ist ihnen vielleicht doch immer noch der Bengel lieber, der mit dem Kopf durch die Wand geht? Oder wollen sie vielleicht lieber ein Mädchen?

Junge oder Mädchen?

Die meisten Eltern haben kein Wunschgeschlecht. Das sagen sie jedenfalls selbst und behaupten Wissenschaftler. Doch diese Aussage trifft nicht für alle Mütter und Väter zu. So stellte

11

eine Untersuchung der Universität Rostock im Jahr 2000 fest, dass in westlichen Gesellschaften wie der unseren Eltern heute Mädchen vorziehen («Girls Preferred», Brockmann, 1999, S. 23). Denn diese unterstützen ihre Väter und Mütter im Alter besser als Jungen, und zwar sowohl finanziell (das war einmal anders) als auch praktisch. Und es gibt eine ganze Reihe von Müttern, die sich einfach nicht vorstellen können, mit einem Jungen zurechtzukommen. Wobei sie keineswegs an die Zukunft im Pensionsalter denken, sondern vielmehr an die konkrete Familiengegenwart: «Ich konnte mir einfach nicht vorstellen, einen engen Bezug zu einem Jungen zu haben», erzählt Monika Dabs, Mutter eines Sohnes. «Ich hatte mir auch keine Gedanken über die Erziehung eines Jungen gemacht, sondern nur über die von Mädchen.»

Auch ihr Mann wollte ein Mädchen, er meinte, Mädchen seien netter, nicht so laut und wild. «Für mich kommt noch hinzu», so Monika Dabs, «dass ich ja nicht als Junge großgeworden bin und meinem Sohn nicht vorleben kann, dass ein Junge eben auch ein netter Mensch sein kann und nicht immer nur rumbrüllen und rummotzen muss.»

Manuela Richter sieht es ähnlich: «Ich wollte gerne mit einem kleinen Mädchen noch einmal Mädchen sein dürfen, eben als Mutter. Ich war nämlich gern ein Mädchen. Bei einem meiner Söhne habe ich heute das Gefühl, er bewohnt einen ganz anderen Planeten. Er hat eine gänzlich andere Wahrnehmung der Welt und geht anders an sie heran. Eben von einem technischen Standpunkt aus. Dieses Bewegungsbedürfnis und diese Machtkämpfe sind mir einfach fremd. Ich kann mich erinnern, dass ich das schon als Kind nicht verstanden habe. Ich habe mich immer gefragt: Warum machen die Jungs das? Warum stören die? Warum müssen die sich kloppen? So wie ich es mich heute wieder frage.»

Mütter und Söhne leben auf anderen Planeten

Viele Mütter haben es schwerer mit Jungen als Väter. Ihre Interessen, ihre Neigungen decken sich oft nicht mit denen der Jungen. Auf die Frage, was sie mit ihrem Sohn Niklas mache, antwortet Trauti Mann etwas traurig: «Ich mache fast gar nichts mit ihm. Ich war immer der Part fürs Vorlesen, fürs Basteln und Spielen, aber das mag er gar nicht mehr.» Diese Entwicklung ist umso erstaunlicher, als Trauti Mann bei der Geburt von Niklas das Gefühl hatte, dass sie eine gute Jungenmutter sein würde. Denn sie selber war überhaupt kein typisches Mädchen. Außerdem ist sie Grundschullehrerin und mit der Welt der Jungen sehr vertraut. Und jetzt hat sie das Gefühl, ihrem Sohn nur noch beim Fahrradfahren und Inlineskaten nah zu sein. Vertrauliche Gespräche führt der neunjährige Sohn seit geraumer Zeit nur noch mit dem Vater.

Trauti Mann ist nicht die einzige Mutter, die das Zusammensein mit ihrem Sohn so empfindet. Die amerikanische Psychologin Evelyn S. Bassoff hat festgestellt: Für Frauen ist die Erziehung eines Sohnes eine «schwierige mütterliche Anstrengung», sie verlangt «praktizierten Respekt», das bedeutet, sich in einen Sohn hineinzuversetzen. Denn «zwischen Müttern und Söhnen gibt es keine Gleichheit, sondern vielmehr ein Gefühl der Andersartigkeit» (Bassoff, 1997, S. 13).

Am Anfang ist große Nähe

So wie bei Familie Mann erleben viele Mütter ihre Söhne. Dabei ist dieses Fremdheitsgefühl keineswegs schon beim Neugeborenen da. Es ist das Ende eines langen Prozesses, den die Beteiligten zunächst gar nicht wahrnehmen. Denn die meisten Familien stellen bei der Geburt ihrer Kinder keine Verhaltensunterschiede zwischen Mädchen und Jungen fest.

Ganz im Gegenteil stehen viele Eltern heute auf dem Standpunkt, dass eine Reihe von Aspekten der Jungen- und Mädchenrolle anerzogen sind. Auch wenn sie sich durchaus eingestehen, dass nicht wenige Charaktereigenschaften angeboren sind. Trauti Mann ist etwa keineswegs immer der Meinung, dass die Verständnisbarriere zwischen ihr und ihrem Sohn durch die Geschlechterrollen entsteht: «Ich denke, ich verstehe ihn manchmal deshalb nicht, weil er ein Kind ist. Weil Kinder anders denken als Erwachsene. Und nicht, weil er ein Junge ist.»

Wer spielt womit?

Dass Jungen und Mädchen sich spätestens ab dem Grundschulalter verschieden verhalten und vor allem verschieden spielen, das gestehen sich allerdings fast alle Eltern ein. Aber wann genau beginnen diese Unterschiede? Bei einigen Jungen schon sehr früh, auffälligerweise bei denjenigen, die sich später sehr jungenhaft verhalten, eher geschlechtstypische Interessen zeigen. Niklas Mann gehört dazu. Schon mit einem Dreivierteljahr interessierte er sich sehr für Autos, obwohl ihm die Eltern sowohl typisches Mädchen- als auch typisches Jungenspielzeug angeboten haben. «Mit Puppen wollte er erst gar nicht spielen», erinnert sich Trauti Mann. Auch Manuela Richters Sohn Lukas widmete sich ausschließlich typisch Männlichem. «Für ihn war alles Technische vom Krabbelalter an interessant», berichtet sein Vater Hans. «Er hatte zwar eine Puppenstube, aber da fand er eigentlich nur das An- und Ausknipsen des Lichts spannend.»

Nicht immer ist das Interesse für das herkömmlich Jungen zugeordnete Spielzeug so früh vorhanden. Die meisten Jungen und Mädchen entscheiden sich in einem Alter zwischen einem und drei Jahren zunehmend häufiger für geschlechtstypisches Spielzeug.

Familie Widmayer hat, so sind sich beide Elternteile sicher, ihren Sohn und ihre Tochter immer gleich erzogen. Aber die Eltern bemerkten natürlich die sich auseinander entwickelnden Interessen. Deshalb haben sie, als Manuel eineinhalb und Vanessa drei Jahre alt waren, «ein Exempel statuiert. Es war Weihnachten, und wir haben unserer Tochter eine Eisenbahn und unserem Sohn Puppen geschenkt. Das taten wir bewusst. Dieses Spiel haben sie etwa eine halbe Stunde mitgemacht. Dann sind sie in eine Ecke gegangen und haben getauscht. Und die Sache war in Ordnung.»

Nicht alle Eltern reagieren so, vor allem nicht die Väter. Während Mütter heute oft begeistert sind, wenn ihre Mädchen Puppen bekochen und anschließend ein Autorennen auf dem Verkehrsteppich absolvieren, ist das bei den Vätern keineswegs so. Sie lehnen es häufig heftig ab, wenn ihre Söhne mit Mädchenspielzeug spielen. Gleichzeitig unterstützen diese Väter bei ihren Mädchen die Frauenrolle mehr und freuen sich, wenn diese mit hübschen Kleidchen und adretten Frisuren herumlaufen.

Raufen und Toben ist was für Jungs

Familie Becker hat zwei Mädchen, Marion und Selina, und zwei Jungen, Paul und Klaus, im Alter von 5 bis 19. Petra Becker konnte sehr gut beobachten, wie sich die Spielweisen der Kinder entwickelten, und zwar ohne dass sie die Kinder bewusst beeinflusst hat: «Bis zum Alter von zwei Jahren ließ sich mein Sohn Paul noch Puppen schenken, denn er spielte gern damit. Bis zu diesem Alter haben sich alle so verhalten, ob Paul, Selina oder Klaus, alle wollten mitkochen, mitbacken, Wäsche aufhängen. Alles, was Mama machte, war interessant. Doch noch vor dem Kindergarten fingen sie an, sich andere Spielsachen auszusuchen. Die Mädchen blieben weiterhin in dieser Rolle als Mutter und Hausfrau – ob Puppen oder Stofftiere, irgendetwas wurde versorgt. Und die Jungen hatten eigentlich gar kein Spielzeug mehr. Die tobten, kämpften. Alle Bewegungsspiele standen hoch im Kurs, mit Bällen, Fußball, Federball, egal was. Während Selina z. B. eine Stunde ihre Puppe mit dem Arztkoffer versorgt hat, ist Klaus eine Stunde Fahrrad gefahren. Also immer Bewegung, Bewegung, Bewegung. Und sobald sie zu zweit waren, begannen die Kämpfereien. Klaus kämpfte vor allem mit Paul, mit dem Größeren, der hat meist damit angefangen.»

Beide Jungen der Familie Becker sind außerhalb des Familienverbandes eher zurückhaltend und gehen Konflikten aus dem Weg. Dennoch lieben sie Waffenspiele, «egal, ob sie nun eine Pistole oder ein Gewehr zur Hand haben oder nicht, sonst wird ein Stock genommen. Dieses Räuber-und-Gendarm-Spielen hält sich unheimlich lang. Waffen sind einfach total faszinierend für sie. Nicht, dass sie sich dabei wirklich wehtun. Die Mädchen machen zwar mit, aber wenn nur Mädchen da sind, dann spielen sie etwas anderes.» Die Familie besitzt ein so genanntes Tobezimmer – in dem die Mädchen Familie oder Zirkus spielen. Und die Jungen? «Die sind kaum drin, da schmeißt sich einer in die Ecke: ‹Ich bin getroffen!› Und die Mädchen schmeißen sich hin, weil sie beim Zirkus-Spielen vom Pferd gefallen sind.»

Konfliktverhalten

Jungen sind für Mütter vor allem in einem Punkt ein Rätsel: beim Konfliktverhalten. Denn Jungen produzieren mehr Konflikte und vor allem lösen sie sie anders als Mädchen. Jungen sind in Streitigkeiten meist laut, und häufig führen sie sie auch unter heftigem körperlichem Einsatz, also mit Treten und Schlagen. Frauen – als großgewordene Mädchen – verstehen dieses Konfliktverhalten schlichtweg nicht.

Der Grund für die vielen Konflikte ist einfach: Zum Spielverhalten der Jungen gehören Rivalisieren und Kräftemessen genauso dazu wie bei Mädchen der Versuch, Unstimmigkeiten zu vermeiden bzw. sie nicht eskalieren zu lassen. Konflikte, auch körperliche, sind für Jungen selbstverständlich. Vieles, was Mädchen und Frauen als Streit empfinden, ist für Jungen gar keiner.

«Ich empfinde diese permanenten Attacken auf den anderen und dieses ständige Ich-weiß-alles-besser als große Belastung unseres Familienlebens», gesteht Manuela Richter, Mutter von zwei Söhnen. «Auch mit mir streiten sie so viel. Und ich weiß überhaupt nicht, wie ich damit umgehen soll. Ich war als Mädchen total anders.» Für Mütter bedeuten diese Konflikte ein großes Dilemma: Sie müssen akzeptieren lernen, dass Streitereien zwischen und mit ihren Söhnen mehr zu ihrem Leben gehören, als sie das aus ihrer Kindheit gewöhnt sind. Und sie müssen gleichzeitig als Schiedsrichterin auftreten, sowohl bei den Konflikten zwischen den Kindern als auch zwischen sich und den Söhnen.

1. Das ist schwierig, wenn man viele der Streitereien von vornherein als unsinnig ansieht – weil man als Mutter eher mädchenhaft Aggressionen vermeiden will. So wie Manuela Richter: «Für mich ist Zusammenleben der Versuch, harmonisch miteinander umzugehen. Aber meine Jungs sehen das ganz anders, die brauchen die ständigen Streitereien. Seit die beiden auf der Welt sind, muss ich mich deshalb dauernd streiten. Ich will das aber gar nicht.»

2. Es fällt auch deshalb schwer, weil Jungen sich so viel eher verletzen – obwohl Mädchen genauso häufig streiten. Denn Mädchen dürfen heute ihre Konkurrenzgefühle genauso

ausleben wie Jungen – aber sie tun es tatsächlich eher mit Worten statt mit Fäusten. «Mein großer Sohn hat ein vollständig verkratztes Gesicht», berichtet Marion Schüler, «und zwar von dem Kleinen, der sich so gegen den Großen durchsetzt. Ich habe mich mit meiner Schwester früher auch dauernd gestritten, aber ich kann mich nicht daran erinnern, dass wir uns ernsthaft wehgetan hätten.»

3. Die vielen Streitigkeiten zwischen Jungen sind für Mütter vor allem aufgrund der Heftigkeit, mit der sie ausgetragen werden, unverständlich. Ob Junge oder Mädchen, Kinder heute dürfen und sollen selbstbewusster auftreten als wir, ihre Eltern. Das heißt, Kinder heute wagen auch eher den Konflikt mit den Eltern. «Entweder versucht man, sie zu selbständigen Menschen zu erziehen», meint der Familienvater Joachim Schlichte dazu, «dann ist die Opposition größer. Oder man erzieht sie zu Duckmäusern, dann ist die Opposition geringer. Wenn das Kind keine Opposition lernt, wird es auch nie in Opposition gehen können. Ich weiß aber nicht, inwieweit das im Kind angelegt ist.»

Joachim Schlichte spricht hier einen entscheidenden Punkt an: Denn es gibt neben dem selbstbewussten Verhalten, das Eltern als Widerstand wahrnehmen, noch das so genannte oppositionelle Verhalten. Gemeint ist damit etwas anderes als selbstbewusstes Auftreten. «Mein Sohn hält sich nicht an Grenzen. Er akzeptiert sie einfach nicht. Verbote sind für ihn Herausforderungen», erklärt Susanne Maurer. Und sie nennt ein Beispiel: «Ein rotes Band um eine Baugrube heißt für ihn nicht ‹Stopp›, sondern: ‹Spring rein!›» Dann kommen Eltern, Kindergärtnerinnen und Lehrer an ihre Grenzen. Denn diese Kinder passen sich in kein Regelsystem ein. Und davon sind, unabhängig von der Erziehung, wesentlich mehr Jungen betroffen als Mädchen.

Mädchenmütter

Beim Thema Mädchenmütter verdrehen viele Jungenmütter die Augen. Denn fast alle haben die Erfahrung gemacht, dass die Mütter von Mädchen den Kontakt ihrer Töchter zu Jungen nicht wünschen. Manuela Richters Sohn Julian ist das gleich zweimal passiert. Das erste Mal im Kindergarten. Der Kinderarzt stellte fest, das Julian eine extrem gute Körperkoordination hatte. Er riet zu Ballett, als er hörte, dass Julian gerne mit Mädchen spielte. Julian war begeistert. «Kann die Katharina mitgehen?», fragte er seine Mutter. Sie sprach mit der Mutter von Katharina, Julians Freundin. Klar, war die Antwort.

Und als der große Tag des ersten Unterrichts kam, da gab es plötzlich ein anderes Mädchen aus Julians Kindergarten, mit dem Katharina hinfuhr und anschließend spielte. Die Mutter wehrte auch jeden weiteren Kontakt von Julian und Katharina ab. Julian war tief gekränkt und ging nie wieder ins Ballett. Als Julian in die erste Klasse kam, war da wiederum ein Mädchen, für das er sich interessierte. «Das ist aber merkwürdig, dass meine Tochter mit Ihrem Sohn spielen will», reagierte die Mutter des Mädchens abwehrend, als Manuela Richter dort anrief. Nur einmal ging Julian zu seiner neuen Freundin, zu einem Gegenbesuch kam es nicht. «Keine Lust», war die lapidare Entschuldigung, «sie will halt nicht.» Wer hier nicht wollte, war eindeutig.

Mädchenmütter haben große Schwierigkeiten mit Jungen. Sie sind oft befremdet von ihrem Bewegungsbedürfnis. Und das, obwohl sich die meisten Jungen, wenn sie mit Mädchen zusammen sind, fast vollständig an die Bedürfnisse der Mädchen anpassen können. Doch eben nur fast. Nur in Ausnahmefällen gelingt es wohl, sich gegen diese Vorurteile durchzusetzen. Moritz und Daniel Bierbaum haben beide Freundinnen, deren Eltern es für selbstverständlich halten, dass ihre Mädchen mit Jungen spielen. Joachim Schlichte rätselt über die

Gründe, warum das in seiner Familie so anders funktioniert als in den meisten. Vielleicht, vermutet er, liege es daran, dass es seine zweite Ehe und er wesentlich älter sei als die meisten Mütter, mit denen er zusammentreffe: «Eine dreiundzwanzigjährige Mutter wird sich kaum trauen, mir – einem vierundfünfzigjährigen Vater – zu sagen: ‹Das ist aber komisch, dass dein Moritz mit Mädchen spielt.›» Außerdem stellt Joachim Schlichte fest, «dass meine Söhne mit den Kindern etwas anfangen können, mit deren Eltern wir Erwachsenen gut zurechtkommen. Und die wiederum zähle ich zu denjenigen, die es für ganz normal halten, wenn ein Mädchen mit einem Jungen spielt.»

Bei Familie Schlichte ist es übrigens der Vater, der die Kinder betreut. Sicher sind es vor allem die unkonventionelleren Familien, die wiederum mit dieser Familie Kontakt haben. Denn als selbstverständlich gelten Hausmänner ja auch heutzutage noch nicht. Offensichtlich bedarf es viel Toleranz gegenüber selteneren Lebensformen, die es Jungen und Mädchen ermöglicht, sich nicht im Normbereich zu bewegen.

Die Wissenschaft hat festgestellt ...

Eleanor Maccoby, die «Mutter» aller Geschlechterfragenforschung, fand heraus, dass Jungen und Mädchen ab dem dritten Lebensjahr nicht nur mit verschiedenen Dingen spielen, sondern sich auch Spielpartner mit dem gleichen Geschlecht suchen. Sie stellte auch fest, warum das so ist: Jungen haben einen größeren Energieumsatz als Mädchen und müssen sich mehr bewegen. Gleichzeitig beginnen sie ab dem dritten Lebensjahr, sich für spielerische Aggression, also Kämpfen und Toben, zu begeistern. Haben Jungen die Wahl, ruhig oder eben tobend zu spielen, entscheiden sie sich immer für das Toben. Sie werden magisch davon angezogen. Die Mädchen wiederum werden davon abgestoßen. Dieser Prozess verstärkt sich mit zunehmendem Alter, sodass die Kinder immer mehr Zeit mit gleichgeschlechtlichen Freunden verbringen (vgl. Maccoby, 2000, S. 129 ff.).

Kindergartenkinder wollen Junge oder Mädchen sein

Im Kindergartenalter spätestens, das berichten Eltern übereinstimmend, verhalten sich die Jungen wie Jungen. Also laut, tobend, rivalisierend, zumindest wenn man dem Klischee glaubt. Sie sind am liebsten draußen, spielen mit Bällen oder schieben Autos über ihren Verkehrsteppich.

Doch sind eben nicht alle Kinder so. Es gibt auch Jungen, die noch mit drei, vier und fünf Jahren mit Puppen spielen, im Kindergarten in der Kochecke stehen oder gar lieber ein Mädchen sein wollen. «Jan hat liebend gern gekocht», berichtet seine Mutter Petra Friedrich. «Er wollte auch zu Hause Kleider anziehen. Er sagte immer: ‹Mädchen sind so hübsch.›» Jan betrachtete gern Bilderbücher oder beschäftigte sich mit Gesellschaftsspielen. In seiner Kindergartengruppe gab es aber keinen Jungen, der sich auch dafür interessierte. «Und ansonsten waren da nur zwei Mädchen, von denen zwar eines eine Weile mit ihm gespielt hat, aber zu denen hat er leider keinen dauerhafteren Kontakt gefunden», erinnert sich die Mutter. «Das war furchtbar für ihn, er war total allein. So allein, dass er lange jeden Morgen heulte, wenn ich ihn in den Kindergarten brachte. Ich habe dann einen anderen Kindergarten für ihn gesucht. Dort kam er in eine Gruppe mit ganz vielen Mädchen. Er war dort vom ersten Tag an froh.»

Kinder wie Jan haben es heute leichter als früher. Noch unsere Mütter hätten ihn als zu weich, Heulsuse, Weichei oder Ähnliches bezeichnet. Ein Junge durfte nicht weinen – und lieber mit Mädchen in der Kochecke stehen schon gar nicht. Heu-

te darf er nach all dem verlangen. Allerdings wird er Schwierigkeiten haben, einen Jungen als Freund zu finden. So war es
auch bei Jan. Denn die meisten anderen Jungen verhalten sich
eben nicht so «mädchenhaft».

Sie halten sich kaum in der Koch- und Puppenecke auf, sie
haben noch wenig Interesse an Gesellschaftsspielen, sie sind es,
die im Sitzkreis stören, sie haben eher wenig Freude am Malen
und Basteln. Wie zu Hause lieben sie alle Spiele, die mit Bewegung einhergehen.

Die Trennung der Geschlechter erfolgt langsam, dreijährige
Mädchen und Jungen finden häufig noch zusammen. Bei den
Vier- und Fünfjährigen geht der Prozess schleichend weiter, die
Vorschulkinder dann spielen meist nach Geschlechtern sor-
tiert. Viele Kindergärtnerinnen unterstützen diese Trennung,
klagen einige Eltern. Latife Birenheide meint dazu: «Eine Gruppe von Mädchen ist eben viel leichter zu betreuen als eine
Gruppe von Jungen, Mädchen sitzen halt da und machen diese
Bastel- und Malarbeiten, die Jungen toben herum.» Und leider
ist immer noch nicht überall selbstverständlich, die Jungen
dann mit an den Maltisch zu setzen.

«Jungenhaft» und «mädchenhaft»

Eleanor Maccoby beschreibt exakt, was «jungenhaft» und
«mädchenhaft» bedeutet. Ihre Erläuterungen treffen auf Kinder
ab dem Kindergartenalter zu (vgl. Maccoby, 2000, S. 62 ff.):

1. Jungen legen vor allem Wert auf gemeinsame Aktivitäten wie
   Bauen oder Toben. Soziale Kontakte sind Nebensache. Bei
   Mädchen dagegen steht der «Gleichklang der Persönlichkei-
   ten» im Vordergrund, d. h. das harmonische Spielen.
2. Jungen führen einen «einstimmigen Diskurs», d. h., sie be-

harren beim Gespräch auf ihrer Meinung, Mädchen führen einen «zweistimmigen Diskurs», d. h., sie versuchen, ein Gespräch gleichberechtigt in Gang zu halten.

3. Jungen finden es großartig – vor allem in Gruppen –, Regelverstöße zu begehen, Mädchen machen eher selten Verbotenes.

4. Jungen lieben den Wettstreit, auch gegen andere Gruppen, Mädchen wollen ohne Konkurrenz ihren Interessen nachgehen.

5. Jungen wollen ihren Status in der Gruppe suchen und finden. Mädchen betonen eher die Gleichberechtigung.

6. Jungen spielen gerne sowohl zu zweit als auch in Gruppen, Mädchen lieber nur mit einem anderen Mädchen.

7. Jungen sind laut, raufen gern, Mädchen hassen das.

So weit, so gut. Jedem aufmerksamen Beobachter von Jungen und Mädchen ist es klar, dass diese Stereotype heute keineswegs mehr für alle Jungen so eindeutig zutreffen. Da gibt es z. B. die Jungen, die gerne dem traditionellen Bild eines «richtigen Jungen» entsprächen, aber es von ihrer Veranlagung her nicht sind. Sie werden deshalb von ihrer Umwelt dafür missachtet.

Barbara Manns Sohn David ging es so. «Andere Jungs waren motorisch häufig sehr viel weiter als er», erzählt sie. «David war immer sehr ängstlich. Er hat sich nicht so schnell auf ein Dreirad getraut. Und auch nicht auf ein Fahrrad. Er ist auch nicht irgendwo raufgekrabbelt und dann runtergefallen, sondern er hat einfach nur beobachtet. Und erst wenn er dachte, er kann das wirklich, hat er es auch gemacht. Das ist bei anderen Jungen nicht so. In großen Gruppen hat er sich nie wohl gefühlt. Er stand oft daneben.» Was für Erwachsene kein Problem darstellt, nämlich etwas nicht zu beherrschen (dann suchen sie sich eben etwas anderes), ist für Jungen schwierig, weil sie sich untereinander ständig messen.

Es gibt aber auch Jungen, die nicht dem Klischee entsprechend leben und gut damit zurechtkommen. Bei ihnen müssen allerdings zwei Faktoren zusammentreffen: So müssen sich diese Jungen für traditionell Weibliches interessieren. Und ihr Umfeld muss es zulassen, dass sie Mädchenhaftes tun. Dazu gehört nicht nur die eigene Familie, dazu zählen auch andere.

Bei Familie Schlichte, von der schon die Rede war, trifft das zu. Moritz und Daniel leben alle Facetten des Kinderseins aus, auch die weiblichen. Moritz spielt leidenschaftlich mit Barbie-Puppen, während Daniel den Autoteppich mit Bussen und Straßenbahnen vorzieht. Moritz liebt ruhigere Tätigkeiten und ist verletzlicher, Daniel liebt Bewegungsspiele und Gruppenaktivitäten und ist unempfindlicher. Moritz geht reiten und widmet sich am liebsten einem Kind, vorzugsweise einem Mädchen, während Daniel begeisterter Fußballer ist und gern sowohl zu zweit als auch in Gruppen spielt – und zwar am liebsten mit anderen Jungs. Oder eben mit Mädchen, zu denen man früher gesagt hätte: An denen ist ein Junge verloren gegangen. Glücklicherweise gibt es heute zunehmend mehr davon.

Jungen unter sich

Für Jungen werden im Grundschulalter andere Jungen wichtig. Es ist auch die Zeit, in der erste richtige, über Jahre dauernde Freundschaften entstehen. Was nun unterscheidet die Mädchenfreundschaften von den Jungenfreundschaften in diesen Jahren?

«Das ist das Alter, in dem Jungen dauernd nur angeben», meint eine Mutter dazu und rollt die Augen. Tatsächlich gehen Jungen anders miteinander um als Mädchen. Wer weiß am meisten? Wer hat am meisten Sammelbildchen? Wer ist am größten? Wer hat die besten Schulnoten? sind dominierende Fragen. Jungen wetteifern eigentlich ständig miteinander – »wobei Mädchen in diesem Punkt gewaltig aufholen», meint Tobias Michel, Vater der neunjährigen Katharina, «insbesondere was die Schulleistungen betrifft». Für Eltern hat das manchmal den Anschein, als seien die Jungenfreundschaften nicht so intensiv und nah wie die Mädchenfreundschaften. Denn während die Mädchen eher ruhige, von Sprache dominierte Spiele miteinander machen und vor allem ihre harmonische Beziehung im Vordergrund steht, agieren die Jungen miteinander. Dabei ist das Interesse an einer Sache dominant, nicht die Person. Jungen brauchen andere Jungen, um mit ihnen zu toben, wettzueifern. Sie hegen auch keine bösen Gefühle, wenn sie etwa sehr heftig gegeneinander Fußball spielen. Sondern es macht ihnen einfach Spaß, sich zu messen. Der amerikanische Psychologe Pollack meint dazu: «Wir Erwachsenen dürfen unser Augenmerk nicht darauf richten, was wir unter Freundschaft verstehen, sondern wir sollten von einem übergeordneten Standpunkt aus jene Verhaltensweisen wahrnehmen, die Psychologen als prosoziale Fähigkeiten bezeichnen.» (Pollack, 1998, S. 23)

Die Grundschuljahre sind auch die Jahre, in denen der Sport an Bedeutung gewinnt. Hier können die Jungen sich körperlich austoben und messen, ohne Sanktionen befürchten zu müssen. Außerdem leben sie dabei ihr Bewegungsbedürfnis aus und lernen, ihre Aggressionen zu kontrollieren. Die Anwesenheit Erwachsener hilft ihnen dabei. «Nie werde ich diese Situation vergessen», meint Stefanie Klose. «Mein sechsjähriger Sohn war bei einem Fußballturnier. Da waren zwei Spieler aneinander geraten, es war ein klares Foul. Der Gefoulte war wütend, holte mit dem Bein weit aus, um den Übeltäter zu treten. Und stoppte sein Bein fünf Zentimeter vor ihm.» Nachmittags mit dem Bruder im Garten hätte der Gefoulte vermutlich zugetreten. Auf dem Bolzplatz mit anderen Jungen vielleicht schon nicht mehr. Während eines Turniers aber, bei dem klare, akzeptierte Regeln gelten, gelingt die Aggressionskontrolle.

Stefanie Klose erinnert sich, dass sie zunächst viele Vorurteile gegen das Fußballinteresse ihrer Söhne hatte. Für sie war Fußball ein brutaler, unsozialer Sport. Bilder von betrunkenen Fans schwirrten durch ihren Kopf. Sie hat sich eines Besseren belehren lassen. Denn nun erscheint ihr Fußball als eine großartige körperliche und soziale Übung für ihre Söhne. Der Größere, Dominantere hat gelernt, sich einzureihen und zu akzeptieren, dass er keineswegs immer der Beste ist. Der Kleinere, Schüchterne hat durch seine guten Leistungen enorm an Selbstbewusstsein gewonnen, ohne dabei überheblich oder unsozial geworden zu sein. Stefanie Klose ist mit ihren Vorurteilen und Einsichten nicht allein, vielen Müttern in ihrem Bekanntenkreis erging es so. Und auch einigen Vätern, denn, so Tobias Michel, «ich wollte nicht, dass mein sechsjähriger Sohn Lukas Fußball spielt. Ich habe ihm sehr deutlich die Nachteile klar gemacht, aber er hat darauf beharrt. Ich sehe allerdings auch die Vorteile, das Miteinander in einer sozialen Gemeinschaft, das Lernen, sich unterzuordnen – wie das für alle Mannschaftssportarten zutrifft.»

Die Geschlechtertrennung

Es gibt eine Phase im Leben von Jungen, in der nicht nur ihre gleichaltrigen Geschlechtsgenossen an Bedeutung gewinnen, sondern in der sie mit Mädchen fast gar nichts mehr anfangen können – und zwar unabhängig davon, was ihre Eltern darüber denken. Das ist das spätere Grundschulalter. Eltern beobachten das mit Bedauern und Verwunderung. Dafür gibt es vor allem zwei Gründe:

Der erste Grund für die Geschlechtertrennung sind die verschiedenen Interessen von Mädchen und Jungen. «Das fing an, als Niklas in die Schule kam», erzählt Trauti Mann, «vorher hatte er eine gute Freundin, mit der er sehr häufig zusammen gespielt hat. Das verwischte sich dann im Laufe des ersten Schuljahres. Dann verabredete sich seine Freundin nur noch mit Mädchen und er sich nur noch mit Jungs. Das war von beiden Seiten so. Sie konnten einfach nicht mehr miteinander spielen. ‹Mama, die steht da nur noch rum, die will nicht spielen, was ich will›, hat Niklas dann gesagt. ‹Ja, und du willst sicherlich auch nicht spielen, was die will?› – ‹Nein!› Die waren einfach nicht mehr auf einer Ebene.» Der Vater von Niklas' Freundin, Tobias Michel, meint dazu: «Meine Tochter hatte das Gefühl, dass diese Entwicklung eher von Niklas ausging, dass er sich abgewandt hat, weil es ihm peinlich war, mit einem Mädchen zusammen gesehen zu werden.»

Niklas spielt jetzt, mit neun Jahren, nur noch gezwungenermaßen mit Mädchen, und zwar mit denjenigen aus der Verwandtschaft.

Auch Manuel ist neun Jahre alt. «Er gehört nicht zu den Jungs, die sagen, ‹Mädchen sind doof!›», stellt seine Mutter Cornelia Widmayer fest, aber er spielt nur mit ihnen, «wenn's nicht anders geht. Er würde nicht selber auf ein Mädchen zugehen. Er war z. B. vor kurzem zum Geburtstag eines Mädchens eingeladen, aber er wollte sie bei seiner eigenen Feier nicht dabeihaben. Er spielt auch mit Mädchen, wenn sie seine Schwester besuchen. Aber normalerweise hat er einfach keinen Bock darauf, mit Mädchen zu spielen.»

Der zweite Grund für die Geschlechtertrennung während der Grundschulzeit ist der Gruppendruck. Niklas' Eltern haben das beobachtet. «Niklas hat einen Klassenkameraden», erklärt sein Vater, «der nennt die Mädchen ‹Weiber›. Und er sagt: ‹Weiber sind doof!› Dieser Klassenkamerad hat ihn hier abgeholt, und dann sind Mädchen und Jungen getrennte Wege gegangen. Das kannte ich von Niklas vorher überhaupt nicht. Der ist mit den Mädchen zur Schule gelaufen, er hat mit ihnen gespielt. Und seitdem waren die Mädchen ‹Weiber›. Das kann also von einer einzigen hänselnden Person abhängen.»

Auch Manuela Richters Söhne würden beide gerne mit Mädchen aus ihrer Klasse spielen. Aber sie wagen es nicht, auch nicht in den Ferien. Da könnte ja das Mädchen den Klassenkameraden erzählen, dass er sie besucht habe. Der kleine Julian erzählte eines Tages: «Du, Mama, der Thomas, der ist mutig!» – «Warum?», fragt die Mutter zurück. «Weil er mit Mädchen spielt!»

Die Sozialwissenschaftlerinnen Cheryl Benard und Edit Schlaffer haben diesem Phänomen einen Namen gegeben: «die Geschlechterpolizei» (Benard/Schlaffer, 1994, S. 207 ff.). Das sind die dominanten Jungen, die vorgeben, was die anderen Jungen tun dürfen und was nicht. Die Geschlechterpolizei ist es, die dafür sorgt, dass Jungen und Mädchen im Grundschulalter und auch noch einige Jahre danach in zwei getrennten Welten aufwachsen, obwohl sie viele Jahre viele Stunden täglich miteinander im Klassenraum sitzen und sich auch in der Pause sehen.

«Aber so etwas gibt es doch auch bei den Mädchen!», wendet Tobias Michel, Vater von Katharina, ein. «Vor allem, wenn sie in die Pubertät kommen.»

Sicher, doch Jungen sind viel früher viel rigider, was die Trennung der Geschlechter angeht. So muss ein Junge, der es im Grundschulalter wagt, mit Mädchen zu spielen, ein «dickes Fell» gegen Hänseleien haben.

Gewalt ist selbstverständlich

Die Geschlechterpolizei sorgt nicht nur für die Trennung der Geschlechter, sie sorgt auch dafür, dass Jungen, so Cheryl Benard und Edit Schlaffer, «in einer Welt der Gewalt» leben – so, als hätte nie eine bewusste Jungenerziehung stattgefunden. Und tatsächlich ist es so, dass man vor allem in Bezug auf Gewalt gravierende Mängel bei den verbreiteten Erziehungsvorstellungen insbesondere von Eltern finden kann. Kindergärtnerinnen und Lehrer sind mittlerweile gut informiert über das Phänomen Gewalt, was allerdings nicht bedeutet, dass sie ihm immer mit entsprechenden Mitteln begegnen können.

Erste Studien für die verschiedenen Einstellungen von Eltern zur Gewalt kann jeder schon auf dem Spielplatz betreiben. Da schlägt Klein Marius Klein Johannes die Schaufel auf den Kopf. Klein Johannes schlägt zurück. Ein Zweikampf beginnt.

Alle herumsitzenden Mütter schauen zu. Die einen halten es für ganz normal, die Mutter von Klein Johannes denkt: «Warum sagt Marius' Mutter nichts?» und bemerkt vorsichtig zu der Mutter des Angreifers: «Bitte machen Sie etwas!»

Diese murmelt in sich hinein: «Was stellt die sich so an? Kinder raufen sich nun mal. Mein Junge soll sich durchsetzen lernen.» Laut meint sie: «Das regelt sich schon.»

Was aber keineswegs so ist. Nach einer Weile nimmt Klein Johannes' Mutter ihren Sohn an die Hand und verlässt wütend mit ihm den Spielplatz.

Anders hätte die Situation übrigens ausgesehen, wenn eines der beteiligten Kinder ein Mädchen gewesen wäre. Vermutlich wäre weder das Schlagen noch das Aushalten von den Müttern toleriert worden.

Diese Situation veranschaulicht die vorherrschenden Meinungen zur Gewaltfrage. Da gibt es zum einen die Eltern mit eher traditionellen Ansichten zum Jungensein. Sie stehen auf dem Standpunkt, dass Kämpfen und gewalttätige Übergriffe auf andere Kinder eben zum Kindsein eines Knaben dazugehören. Denn sie haben es als Kinder selber so erlebt. Und sie sehen bei ihren Jungen, dass diese von früh an Spaß an Kampfspielen haben. Und dann sind da zum anderen die Eltern mit einer eher pazifistischen Einstellung. Dazu zählen vor allem die gut über Pädagogik informierten, so genannten engagierten Mütter. Diese haben große Probleme mit den Kampfspielen ihrer Kinder. Viele unterbinden sie vollständig, erlauben auch keine Waffen in ihrem Haushalt.

Das kann zu großen Problemen führen. Wie bei Familie Richter. Manuela Richter war früher in der Friedensbewegung engagiert und kam mit dem aggressiven, gewalttätigen Verhalten ihrer Kinder untereinander überhaupt nicht zurecht. Sie sanktionierte es sofort, sie erklärte ihnen auch, warum sie Gewalt ablehnte. Diese Einstellung hatte zwei Folgen. Vor allem der größere der beiden Jungen, Fabian, verstand sehr bald, welche Meinung seine Mutter vertrat, und übernahm sie. Als er in die Schule kam, wurde er zwei Jahre lang gemobbt. Man lachte ihn aus, weil er keine Blumen kaputtmachen wollte. Man verspottete ihn, weil er kein Fleisch essen wollte. Man schlug ihn, nahm ihm mehrere Wochen lang das Butterbrot weg, nur dann durfte er beim Fußball mitspielen. Das waren drei Jungen aus seiner Klasse. Alle anderen wussten davon, sahen zu. Und freuten sich, dass es sie nicht traf. Manuela Richter sprach mit der Lehrerin, mit der Rektorin. Und erhielt den Rat, ihren Sohn für einen Kurs in Selbstverteidigung anzumelden. Schweren Herzens befolgte Manuela Richter den Rat. Und sah fortan zu, wie ihr Sohn lernte, draufzuschlagen. Also genau das, was sie ihm nicht beigebracht hatte.

Fabian musste sich noch einmal wehren, dann ließ man ihn weitgehend in Ruhe. Aber nur weitgehend. Immer wieder erzählte er von kleineren Übergriffen, von Schubsen, Stoßen, Treten. Es machte ihm aber scheinbar weniger aus. Für Manuela Richter war beruhigend zu sehen, dass Fabian nun in der Schule zurechtkam. Gleichzeitig erschreckte sie, wie selbstverständlich Fabian die weiteren Übergriffe fand, wie sehr er abstumpfte und sich an die Gewalt gewöhnte. Sie hatte als Mädchen in einer ganz anderen Welt gelebt.

Von der Aggression zur Gewalt

Eltern sind heute in einer schwierigen Lage. Denn die meisten vertreten die Meinung, Konflikte müssten mit Worten gelöst werden. Doch befürworten immer noch viele Eltern, dass sich ihre Kinder wehren und im Zweifelsfall zuerst zuschlagen.

Diesen Zwiespalt zu lösen ist fast unmöglich. Auch die Wissenschaftler sind sich in dieser Hinsicht nicht ganz einig. Die einen behaupten, Jungen brauchten das Einüben von Gewalt, um ihre «Männlichkeit» zu entwickeln. Sie sagen, dass die kleinen Rangeleien und die Hahnenkämpfe in den Jungengruppen dazu dienen, den Umgang mit Aggressionen zu lernen. Die anderen Pädagogen meinen, dass man eigentlich jede Grenzverletzung, jede Gewaltäußerung von Jungen unterbinden müsse. Damit sie sich gar nicht erst daran gewöhnen, Unmut so äußern zu dürfen. Einige gehen sogar noch einen Schritt weiter und verlangen, dass man Jungen so früh wie möglich friedliche Konfliktlösungsstrategien beibringen solle. Damit sie bei Streitigkeiten nicht draufschlagen, sondern in der Lage seien, sie friedlich zu lösen. Denn diese Unfähigkeit, Konflikte anders als mit Schlagen anzugehen, sei vor allem ein Jungenproblem und deshalb die ganze Gewaltdebatte eigentlich eine Jungendebatte.

Das klingt plausibel. Denn auch das wissen die Pädagogen inzwischen: Wenn sich Jungenverhalten noch während und nach der Pubertät ändern soll, dann funktioniert das nur über ein geändertes Gruppenverhalten. Und das stellt sich nur dann ein, wenn die Jungen zu Hause, im Kindergarten und in der Schule einen neuen Umgang mit ihren Aggressionen gelernt haben.

Gruppen erzeugen Gewalt

Gewaltverhalten bei Jungen ist fast nicht zu trennen von Gruppenverhalten. Denn fast alle Eltern müssen feststellen, dass sich ihre Jungen verändern, sobald andere Jungen in der Nähe sind. «Mein Sohn Ansgar ist dann noch oppositioneller als sonst», berichtet seine darüber gar nicht erfreute Mutter. Auch Manuela Richters Söhne werden unausstehlich, wenn andere Jungen zu Besuch kommen. Jedes Mal wird einer zum Außenseiter gestempelt, geärgert, getreten. Jedes Mal gehen Dinge zu Bruch. Manuela Richter muss ständig intervenieren, damit die Jungen ihr nicht «das Haus auseinander nehmen». Auch die von vielen Eltern berichteten Rüpeleien bei Schulbusfahrten folgen einem ähnlichen Muster. Immer gibt es einen Anführer und viele, die mitmachen.

Dieses Verhalten hängt mit dem Spielstil der Jungen zusammen. Sie versuchen nicht zu kooperieren, wie Mädchen es tun, sondern sie wetteifern miteinander. Nicht nur um das, was einer am besten kann, sondern auch um einen Platz in der Gruppenhierarchie. Ist einer der Anführer, dann folgen ihm die anderen. Das Fatale daran: Das, was Jungengruppen tun, ist oft Verbotenes. Auch das gehört zum Spielstil der Jungen. In fast allen Kulturen haben sie Freude daran, Grenzen zu übertreten.

Sogar die Reaktionen der Angegriffenen scheinen vorgegeben. Kleinere Jungen weinen, zeigen ihre Angst und ihre Schmerzen. Schon Jungen ab dem Schulalter versuchen, sich als unverletzlich hinzustellen. Und zwar gleichgültig, ob ihre Eltern ihnen gestatten, Gefühle zu zeigen oder nicht. Selbst Eltern, die wissen wollen, was in der Schule geschieht, werden oft nicht darüber informiert. Oder wenn, dann erst Wochen später. Die Familie Richter erfuhr etwa erst nach Tagen, wenn wieder Angriffe auf ihren Sohn Fabian stattgefunden hatten. Als Fabian in die dritte Klasse kam, passierten zwar immer noch Übergriffe, aber der Junge wollte gar nicht mehr davon erzählen. «Nicht so schlimm», meinte er nur auf die Fragen der Mutter.

Dieser Schutzmechanismus funktioniert so: Die Jungen bauen sich eine Maske auf, sodass die anderen nicht mehr merken, was in ihnen vorgeht. Paul Becker, 14, ergeht es ähnlich, er gehört oft zu den Angegriffenen. «Da gibt es immer Gruppen von Jungen, die suchen sich Schwächere und ärgern sie», berichtet seine Mutter. «Paul versucht, das zu übergehen. Er reagiert scheinbar nicht. Er denkt, wenn ich nicht zeige, dass ich mich ärgere, werden die irgendwann keine Lust mehr haben. Aber es dauert leider oft lange, bis die keine Lust mehr haben.»

Macho-Verhalten

«Klaus war noch sehr klein, als das mit dem Macho-Verhalten losging. Es gibt gewisse Aufgaben, die schreibt er den Frauen zu. Er lässt sich immer bedienen. Er käme auch nie auf die Idee, Wäsche zu waschen. Das Angeben ist extrem ausgeprägt», erzählt Petra Becker von ihrem jüngsten Sohn Klaus: «Er ist ein typischer kleiner Mann, wenn er so da steht, von seiner Statur her, sodass man das eigentlich schon richtig süß findet. Der Klaus hat damit nie Schwierigkeiten gehabt.» Aber wenn er älter wird?

Dann wird er vielleicht so ein kleiner Macho wie Fabian Richter. Dann erzählt er allen Freunden das Blaue vom Himmel herunter, nur um besser, schneller zu sein oder mehr Spielzeug als die anderen zu besitzen. Süß ist das nicht mehr. Fabians Lehrerin meint dazu: «Wenn der liebe Gott alles weiß, Fabian weiß immer noch mehr.»

Was für Eltern und andere Erwachsene schlichtweg Angeben ist, sehen Jungen untereinander gar nicht negativ. Für sie ist es normal, für sie gehört Sichmessen und Sichprofilieren dazu. Wenn Manuel Widmayer und sein Freund Fabian sich gegenseitig abfragen, wer welche Fußballer welches Vereins kennt, dann bedeutet das für sie spielerisches Konkurrieren. Wer weiß mehr? Mädchen würden vielleicht versuchen, gegenseitig ihre Wissenslücken zu füllen, um dann am Ende gemeinsam die ganze Mannschaft aufzählen zu können.

Zu diesem Ich-bin-der-Boss-Verhalten gehört auch, das Julian und Fabian Richter versuchen, ihre Mütter herumzukommandieren. Und zwar besonders gern, sobald andere Jungen zu Besuch sind. «Mama, die Limo!» – «Mama, mach und bring!» Auch wenn die Mutter diesen Aufforderungen keineswegs Folge leistet, sondern auf höfliches Bitten besteht: «Man» hat es versucht, «man» hat seinen Freunden bewiesen, wer hier den Ton angibt.

Haushalt ist Frauensache

Was ist nun ein Macho? «Für mich ist ein Macho ein Mann, der keinen Finger im Haushalt krumm macht, sich nur bedienen lässt und dann noch rummotzt», definiert Trauti Mann. «Das ist Niklas», ergänzt sein Vater Michael. Und das, «obwohl wir ihm gerade nicht dieses typische Männer- und Frauenbild vorleben, mein Mann macht ja auch ganz viel im Haushalt und übernimmt typische Frauenarbeit. Da dachte ich immer, dass der Niklas das schon automatisch mitbekommt, dass beide Geschlechter beides tun. Als er noch kleiner war, hat er einmal zu mir gesagt: ‹Mama, du putzt ja immer gern!› So nach dem Motto: Das machen Frauen doch gerne.»

Es ist schon erstaunlich, wie hartnäckig sich dieses Macho-Verhalten auch heute noch hält. Und wie wenig vor allem Mütter dagegen tun können. Bei Familie Birenheide etwa findet gerade eine Auseinandersetzung statt. Der älteste Sohn Markus ist 15. «Er legt dieses Macho-Gehabe massiv an den Tag», stellt die Mutter fest, «damit eckt er bei uns immer wieder an, und das wird auch thematisiert.» – «Darin lassen wir auch nicht nach», bestätigt der Vater. «Das ist vor allem mein Kampf während der Woche, wenn mein Mann wenig da ist», fährt die Mutter fort, «denn oft sind es unterschwellige Dinge. Ich muss sie ihm dann mühselig erklären. Meistens sind das Äußerungen in einem bestimmten Tonfall. Neuerdings kommt er mit ganz tollen Witzen über Frauen, das eskaliert auch in Diskussionen. Da ist es ganz passend, dass er seit kurzem eine Freundin hat. Und ich frage, wie sie es denn findet, wenn er solche Witze erzählt. Dann fühlt er sich doch ertappt.»

Latife Birenheide versucht, sich mit Urteilen zurückzuhalten, manchmal lässt sie sich nur erzählen, was ihr Sohn berichtet: «‹Du müsstest mal hören, wenn meine Jungs so zusammen sind, was wir da reden›», berichtet er mir. «Das sind schon sehr ordinäre Ausdrücke, die da verwendet werden. Das hängt natürlich etwas mit der Pubertät zusammen, mit der Auseinandersetzung mit den Geschlechtern.»

Chance in nichttraditionellen Haushalten

In nichttraditionellen Haushalten haben es die Eltern leichter, die Macho-Rolle nicht weiterleben zu lassen. In den Haushalten also, in denen der Vater Hausmann ist oder Vater oder Mutter allein erziehend sind. Zwar hören auch die Kinder und Jugendlichen aus diesen Familien, was ihre Freunde und Kumpels über das Mannsein sagen, aber sie erfahren etwas anderes. Sie erleben entweder gar keinen Macho-Vater oder eben einen, der kein Macho sein kann, weil er den Haushalt führt. Für Jungen stellt das Leben in all diesen Nicht-Standard-Familien eine großartige Chance dar. Denn sie lernen, dass Männer auch all das tun können, was in fast allen anderen Familien die Frauen leisten. Die Existenz dieser Haushalte ist auch bedeutsam für die Kinder der befreundeten Familien. Denn auch sie erleben, dass der Vater – und nicht wie bei ihnen die Mutter – tagsüber präsent ist.

Der Vater ist Hausmann
Bei Familie Schlichte ist die Mutter berufstätig, für Kinder und Haushalt sind der Vater und das Au-pair-Mädchen zuständig. Haushaltsaufgaben werden verteilt, für das Kochen, Putzen, Wäschewaschen, die Betreuung und die Körperpflege sind alle drei verantwortlich, wobei der Vater, wie er betont, eines nicht kann: Kochen, das konnte nämlich seine Mutter schon nicht. Die Kinder beteiligen sich ganz selbstverständlich an allen Tätigkeiten. Argumente wie «Das ist Frauenarbeit!» gibt es in dieser Familie nicht.

Eine soziologische Untersuchung zum Thema kommt zum gleichen Ergebnis. Man befragte Familien, in denen die Eltern sich sowohl Haushalt als auch Erwerbstätigkeit geteilt haben. Die Kinder konnten bis zum Kindergartenalter die Rollen von Vater und Mutter nicht unterscheiden. Erst als sie in regelmäßigen Kontakt mit anderen Kindern und Familien kamen und deren Rollenverteilung kennen lernten, differenzierten sie zwischen den Geschlechtern.

Die Mutter ist allein erziehend
Barbara Mann ist seit einem Jahr von ihrem Mann getrennt, sie lebt nun allein mit ihrem Sohn David. Für David ist es selbstverständlich, ihr im Haushalt zu helfen: «Er übernimmt Aufgaben, also beispielsweise staubsaugt er manchmal, oder er macht das Bad sauber, das sind Dinge, da sieht er den schnellen Erfolg. Er kocht hin und wieder mit mir zusammen. Er holt mal die Post, er bringt den Mülleimer raus. Er macht mir auch

manchmal das Frühstück, das tut er besonders gerne. Das sind alles Arbeiten, die er auch verrichten kann. Es ist auch nicht so, dass ich ihn dazu zwingen müsste, er macht die Dinge freiwillig. Vielleicht liegt es daran, dass ich tatsächlich begrenzt Zeit habe. Ich sage immer: ‹Je mehr Zeit ich auf den Haushalt verwenden muss, desto weniger Zeit habe ich für dich.› Also erledigen wir vieles zusammen und machen anschließend etwas gemeinsam, was wir vorher festgelegt haben.»

Der Vater ist allein erziehend
Tobias Michel ist seit einem Jahr ohne Partnerin. Mit ihm zusammen leben seine Kinder Lukas (6) und Katharina (9). So wie allein erziehende Mütter übernimmt er sämtliche Funktionen bei seinen Kindern. Sie erleben ausschließlich ihn als Haushaltführenden, als Tröstenden, auch wenn für ihn ganz klar ist, dass er nicht die Mutter ersetzen kann und will. Schon vor der Trennung hat er viele Haushaltsaufgaben übernommen, ohne sich dabei zu fragen, ob das nun Frauen- oder Männerarbeit ist. Wie selten diese Rolle noch ist – nur 17 Prozent der Alleinerziehenden sind Männer –, merkt er daran, dass er sehr viel Verwunderung erntet. Und häufig gefragt wird: «Wie machst du das?» Bei einer allein erziehenden Mutter würde niemand diese Frage stellen. Für Lukas jedenfalls ist der Haushalt keineswegs automatisch eine Frauensache, denn er erlebt ausschließlich seinen Vater als Versorger. Es ist für ihn auch ganz selbstverständlich, Aufgaben wie Tischabräumen oder Waschbeckenputzen zu übernehmen. Für seine ältere Schwester Katharina trifft das nicht zu.

Veränderungen überall

Auch in traditionell strukturierten Familien verändert sich die Verteilung der Hausarbeit ganz allmählich. Diese Tendenzen werden sich unter bestimmten Voraussetzungen verstärken: Wenn die Jungen ihre Väter bei Hausarbeiten erleben – was allerdings noch keineswegs normal ist. Und wenn keiner darauf besteht, dass Haushalt Mädchenarbeit ist – was glücklicherweise langsam selbstverständlich wird. Und wenn Frauen ihr «angestammtes Terrain» räumen – was viele erstaunlicherweise immer noch nur ungern tun.

Cornelia Widmayer hat beide Kinder, einen Jungen und ein Mädchen, angehalten, sich an der Hausarbeit zu beteiligen. «Bei Manuel hat es gefruchtet, bei Vanessa nicht», resümiert sie. «Meine Tochter kann sehr stur, bockig, ja zickig sein, dem bin ich manchmal einfach nicht gewachsen.» Deshalb hat sie es weitgehend aufgegeben, ihre Tochter für die Mitarbeit im Haushalt zu gewinnen. Sie freut sich, dass ihr Sohn, ebenso wie ihr Mann, gerne kocht und backt. Vor der Zeit der Frauenbewegung wäre diese Haltung eine große Ausnahme gewesen, eine Tochter hätte, auch entgegen ihren Wünschen, helfen müssen, den Jungen hätte man mit Haushaltsdingen in Ruhe gelassen.

Wie viel Überwindung es Frauen manchmal noch kostet, Männer mehr am Haushalt zu beteiligen und sie so zu einem positiven Vorbild für ihre Söhne werden zu lassen, zeigt Latife Birenheide: «Ich denke, viele Männer würden sich viel mehr im Haushalt einbringen, wenn die Frauen das unterstützen würden. Ich habe sehr häufig beobachtet, wie Frauen viel an sich reißen. Ich selber bin Krankenschwester. Und ich hätte vieles gern ganz allein gemacht. Aber ich habe bewusst darauf geachtet, dass Mattis sich auch beteiligen konnte. Und auch wenn er am Anfang ein bisschen länger gebraucht hat, ich habe es zugelassen. Das ist mir am Anfang auch recht schwer gefallen.» Das Ergebnis ihrer Bemühungen: «Ich bin stolz darauf», erzählt Mattis Birenheide, «dass es den Kindern egal ist, wer da ist, Latife oder ich. Und das trotz voller Berufstätigkeit.» Ein weiterer Effekt, der zeigt, wie offen die Familie mit den traditionellen Geschlechterrollen umgeht: Sohn Koray ist begeisterter Koch, er liebt es, sich stundenlang Gerichte auszudenken. Während die Tochter Senay einen großen Bogen um die Küche schlägt.

Gefühle

Sprechen Jungen über Gefühle? Sind sie genauso gefühlsbetont, wie man das Mädchen nachsagt? Wenn man sie lässt, ist die Antwort auf beide Fragen. Doch ist dies eines der schwierigsten Kapitel beim Thema Jungen, denn auf dem Feld der Emotionen sind die Eltern am meisten gefordert. Und hier haben sie selber noch den größten Nachholbedarf. Besonders die Männer, also die Väter. Denn nicht nur dass sie es selber nicht beigebracht bekamen, sie haben es auch später nicht gelernt. Das Nichtsprechen über Gefühle ist das größte Kommunikationshindernis zwischen Männern und Frauen. Denn Männer und Frauen verwenden eine andere Sprache, Frauen eine beziehungsorientierte, Männer eine inhaltsorientierte. Das heißt, Frauen versuchen immer, einen gefühlsmäßigen Gleichklang in ihren Gesprächen herzustellen, während Männer in erster Linie über eine Sache reden. Wenn sie überhaupt über Gefühle sprechen.

Problematisch in Hinblick auf Jungen ist dabei vor allem, dass nur wenige Eltern den Kindern vorleben, dass und wie man über Gefühle redet. Das bleibt häufig den Frauen und Müttern überlassen. Väter, die mit ihrer Partnerin vor ihren Kindern und auch mit ihren Söhnen und Töchtern allein Gefühle thematisieren, sind noch immer recht rar.

Warum ist das so? Weil es die Väter oft nicht gelernt haben, über Gefühle zu sprechen. Weder als Kind und schon gar nicht als Jugendlicher. Für Mütter bedeutet das eine bewusste Anstrengung, ihre Jungen an Gefühle heranzuführen. Sie müssen es häufig allein tun und dabei gegen jahrtausendealtes menschliches Erbe arbeiten. Denn tatsächlich gibt es männliche Verhaltensweisen, die biologisch begründet sind und die im Laufe der Evolution einen Sinn hatten. Die Fähigkeiten der Männer waren für die Jagd, also für die schnelle Reaktion und die räumliche Orientierung, ausgelegt. Die Fähigkeiten der Frauen waren für den Nahbereich ausgebildet, das hieß schnelle Gefühlswahrnehmung und eine differenzierte Sprache. Vieles davon lässt sich noch heute feststellen, z. B. wenn man männliche Hobbys betrachtet, man denke nur an das sprachlos ablaufende Motorradfahren oder das Fußballspielen. Außerdem waren und sind bei den Frauen die Gehirnhälften intensiver miteinander verbunden, das bedeutet, dass sie mehr Dinge mit Gefühlen koppeln, u. a. die Sprache. Das erleichtert ihnen das Sprechenlernen, und es ermöglicht ihnen auch einen differenzierteren Umgang damit. Und das erklärt auch, warum Männer über Themen sprechen können, ohne ihre Gefühle daran zu beteiligen. Wissenschaftler behaupten, dass man dieses urzeitliche Verhalten ändern kann. Was das Gefühlstraining anbetrifft, hieße das, die Neuronenbahnen, die für Gefühle zuständig sind, zu aktivieren bzw. entstehen zu lassen. Denn viele Neuronenverbindungen in unserem Gehirn entstehen erst in den ersten Lebensjahren.

Wollen Eltern Jungen erziehen, die Gefühle bei sich zulassen, und zwar auch noch während und nach der Pubertät, dann müssen sie mit der Erziehung dazu sehr früh anfangen. Sie müssen die Gefühle der kleinen Jungen ernst nehmen und sie müssen sie dazu ermuntern, darüber zu sprechen. Das ist eine zwiespältige Aufgabe. Denn viele Jungen werden noch traditionell erzogen. Das macht es den sanften, gefühlsmäßigen Söhnen schwer.

Typische Jungen – Gefühle sind tabu

«Unser Sohn spricht nicht über Gefühle, überhaupt nicht», berichten viele Eltern. Auch Erzieherinnen und Grundschullehrerinnen wissen davon ein Lied zu singen. Kommen Eltern zu den so genannten Entwicklungsgesprächen in den Kindergarten oder zur Elternsprechstunde in die Schule, fallen sie oft aus allen Wolken über das, was die Pädagoginnen zu berichten haben. Für Eltern, insbesondere für Mütter, die den Alltag mit ihren Söhnen teilen, ist das schwierig. Sie möchten gerne mehr von ihren Jungen hören, nicht nur etwas über Fußballerfolge oder Schulhofprahlereien. Werden diese Jungen älter, erzählen sie ihren Eltern immer weniger. Gefühle spielen dabei keine Rolle.

Es sei denn, man lässt ihnen Zeit. Auch wenn Jungen nicht daran gewöhnt sind, sofort über Erlebnisse zu berichten, so gibt es doch einige, die es zeitversetzt tun. «Man muss es Niklas aus der Nase ziehen», stellt sein Vater Michael Mann fest. «Wir merken natürlich, wenn ihm etwas auf dem Herzen liegt, wenn er bedrückt ist. Dann gehe ich zu ihm hin und frage ihn: ‹Wenn du etwas hast – deine Eltern sind dazu da, dir zu helfen. Mit denen kannst du über alles reden.› Und dann macht er es oft immer noch nicht, also selbst auf die Aufforderung hin kommt er nicht aus sich heraus.» Er zögert einen Moment: «Aber nach einer Weile überlegt er es sich. Dann berichtet er über die Schule. Oder dass es ihn nervt, dass er ein Zimmer mit seinem kleinen Bruder teilen muss.»

Untypische Jungen – Gefühle machen Probleme

Regina Heim hat ihren Sohn Kevin, der sehr früh zu sprechen begann, in seinem Bemühen unterstützt, Geschehnisse und Gefühle in Worte zu fassen. Eines Mittags, da war er eineinhalb Jahre, sagte er z. B.: «Mama ist traurig.» Seine Mutter war müde und wirkte deshalb vermutlich nicht gerade fröhlich. Aber sie freute sich, dass Kevin merkte, wie es ihr ging. Kevins Mutter unterstützte ihren kleinen Sohn weiterhin darin, über Situationen und die Gefühle aller Beteiligten zu sprechen. Nicht indem sie ihn permanent dazu aufforderte, sondern indem sie auf ihn einging, wenn er sprechen wollte. Als Kevin in den Kindergarten kam, wurde seine stark ausgeprägte Empathie zu einem Problem für ihn. Er nahm auch dort wahr, wie die anderen sich fühlten. Die Konflikte zwischen den vielen Kindern um ihn herum, die Lautstärke, die körperlichen Angriffe, das alles konnte er zunächst nicht verarbeiten. Es dauerte lange, bis er sich im Kindergarten wohl fühlte. Trotz dieser Schwierigkeiten ist Kevins Mutter froh, dass ihr Junge so sensibel ist und dass sie diese Sensibilität nicht unterdrückt hat. Ihr Sohn ist ihr sehr nahe. Sie kann mit ihm sehr gut über Dinge reden, die sowohl ihn als auch sie betreffen.

Ähnlich ergeht es Barbara Mann, die seit einem Jahr allein erziehend ist mit ihrem Sohn David. Frau Mann erzählt: «David äußert sich sehr klar, dass er den Papa sehr vermisst, dass er sehr traurig ist. Oder er sagt, dass er etwas ungerecht findet, was im Kindergarten, in der Betreuungsschule oder in der Schule vorgefallen ist. Dann sagt er: ‹Das fand ich ganz ungerecht, Mama!› Zum Beispiel wenn ein Kind bestraft wurde, obwohl ein anderes etwas ausgelöst hat. Auch wenn wir Bücher anschauen über Kinder aus der Dritten Welt, dann sagt er: ‹Die Kinder tun mir sehr Leid!› Deshalb haben wir jetzt auch ein Patenkind in Indien.»

Auch Familie Becker hat ähnliche Erfahrungen: «Paul und Klaus sind eigentlich, obwohl sie nach außen viel härter wirken, viel sensibler als die Mädchen», meint Petra Becker. «Die Mädchen sind selbstbewusster, weniger angreifbar. Auch wenn sie mal verspottet werden. Sie ärgern sich, sie sind auch manchmal traurig, aber es legt sich viel eher. Die Jungen sind viel verletzlicher. Wobei es auch darauf ankommt, was passiert ist. Also wenn ein Freund den Klaus verletzt hat, dann kann es sein, dass er sich ein halbes Jahr nicht mehr um ihn kümmert. Beim Paul ist es genauso. Er reagiert auch beleidigt und sagt dann: ‹Mit dem spiel ich nicht mehr!› Oder wenn Paul auf dem Schulweg gehänselt wird, dann geht er vielleicht monatelang einen anderen Schulweg.»

Weder Kevin oder David, noch Paul oder Klaus sind «typische Jungs». Ihre Eltern sind mutig, denn sie erlauben ihren Jungen, was viele der Großmütter und Großväter den heutigen Vätern nicht gestattet haben: ihre Gefühle zu zeigen.

Aber es gibt noch viele Eltern, die froh sind, wenn ihr Junge seine Ängste und «klein machenden» Gefühle in Aktivität und Bewegung umsetzt, weil – so die Sozialwissenschaftlerin Ulrike Schmauch – «die Erwachsenen große Probleme damit haben, Jungen unsicher, bekümmert oder verwirrt zu sehen». Bei Mädchen fällt ihnen das nicht schwer, es weckt in den Erwachsenen den Beschützerinstinkt.

Väter und Mütter müssen also ihr Jungenbild ändern, müssen ihrem Sohn Weichsein genauso wie Härte zugestehen. Das ist schwierig, noch immer gelten sensible Jungs als «Weicheier». Unter einigen Erwachsenen jedenfalls und unter Jungs auf jeden Fall.

Gerade bei den älteren Jungen haben Eltern eine besonders schwierige Aufgabe. Denn auch wenn es ihnen gelungen ist, in ihrer Familie über Gefühle zu sprechen, so kämpfen sie doch gegen den zunehmend stärker werdenden Druck von Jungengruppen an. Jungen dürfen nur eine Hälfte ihrer Gefühle ausleben, sie «verlieren ihre Stimme», benennt der amerikanische Psychologe William Pollack diesen Prozess. Jungen müssen spätestens ab der Pubertät cool sein und sich nur für typisch Männliches interessieren. Zumindest nach außen. Diesen Druck gibt es bei Mädchen übrigens auch: Während Jungen die Stimme der Gefühle verleugnen müssen, ist es bei Mädchen die Stimme der Selbstbehauptung.

Mädchen und Jungen brauchen vor allem während dieser Jahre Eltern, die sie unterstützen, die zu ihnen stehen. Sie können ihre Stimme nur bewahren, wenn sie darin bestärkt werden, sie zu behalten, egal, was die Gleichaltrigen sagen. Und sie brauchen Vorbilder, die ihnen das vorleben.

Das Vorbild Vater

Ob Gespräche über Gefühle oder Beteiligung bei der Hausarbeit, Jungen brauchen ein Vorbild dafür. Das ist in allen Familien in der ersten Jahren der Vater. Er ist es, mit dem sich der kleine Junge identifiziert, er ist es, der ihm zeigt, ob Gefühle ein Thema sind, ob sich ein Mann am Haushalt beteiligt. Er ist es nicht zuletzt, der vorführt, wie ein Paar zusammen leben kann und welche Rolle der Beruf spielt. Hier liegt für Familien die große Chance, aus ihren Jungen die freundlichen, sensiblen, aber auch gleichzeitig durchsetzungsfähigen, selbstbewussten Männer zu machen, die sie sich vorstellen. Wenn sie überhaupt Vorstellungen haben, denn das ist keineswegs immer so. Erziehung ist kein abstraktes Geschehen, das sich im Kopf abspielt, sondern sie geschieht im Alltag. Und dieser Alltag ist es, der es den Familien so schwer macht. Denn die meisten Väter bieten in vielen Lebensbereichen heute kein Vorbild.

Die meisten Väter sind den ganzen Tag nicht da. «Ich denke, Jungen haben es schwerer, aufzuwachsen, weil sie es ohne Leitbild tun», überlegt Petra Becker, «auch wenn der Vater um fünf Uhr nach Hause kommt, dann ist es ein Feierabend- und Wochenendvater. Man erlebt ihn nicht am Arbeitsplatz. Das Leitbild fehlt. Ich versuche deshalb, meine Jungen in Vereine zu geben, in denen Männer sind. Paul hat lange Judo gemacht, jetzt geht er zum Schießen. Aber es ist und bleibt ein Ersatz. Das Eigene fehlt.»

Viele Männer verweigern auch heute noch eine halbwegs paritätische Aufteilung des Haushalts. Gründe: Viele Männer haben diese Tätigkeiten nicht gelernt und sie fallen ihnen schwer. Die meisten Männer gehen ganztags arbeiten und haben wenig Zeit, sich um den Haushalt zu kümmern. Der gewichtigste Grund aber ist, dass die Männer die Verantwortung für den Haushalt an die Frauen abgeben, sobald Kinder da sind. Und selbst wenn die Frauen nach einer Pause wieder in den Beruf einsteigen, bleibt ihnen die Zuständigkeit. Männer übernehmen dann nur noch Haushaltsarbeiten, wenn die Frauen sie darum bitten bzw. mit ihnen darüber streiten – oder es lassen. In der Mehrzahl der Familien sind es überwiegend die Frauen, die die Jungen beim Putzen und Waschen und Kochen sehen. Und deshalb fühlen sich zum Beispiel die Jungen von Petra Becker «einfach nicht zuständig. Ohne es böse zu meinen, aber für sie ist das Frauenarbeit.»

Die heutigen Väter sind fast alle wie «typische Jungen» aufgewachsen, sie haben ihre Kinderzeit vor allem in Jungengruppen verbracht und dort nicht gelernt, über Gefühle zu sprechen. Sie haben wie alle anderen Jungen versucht, Emotionen zu verleugnen, der Größte zu sein, das meiste zu können. Ein Vater erinnert sich noch gut daran: «Männer bleiben ja immer Jungs. Im Berufsleben zeigt sich das. Bei Männern finden ständig Kämpfe statt, die die Hackordnung bestimmen. Wenn Männer und Frauen gemischt zusammenkommen, relativiert sich das. Bei meinen Jungengruppen früher war das auch so. Wir hatten immer den Paul, der alles machen musste, und den Chef, der bestimmt hat.»

So kommt es, dass viele Väter heute in Gesprächen über Gefühle ungeübt und somit weder Vorbild noch Akteur sind. Selbst engagierte Mütter bleiben deshalb in diesem Punkt allein, so wie Monika Dabs, deren Sohn Ansgar zwar viel über Gefühle redet, aber nur mit seiner Mutter. Bei Familie Becker gar geht der Vater «härter mit den Jungs um. Er hat Angst, die werden zu verweichlicht. Dass sie nicht ihren Mann stehen können. Nicht zu viel Bemuttern. Nicht zu viel Nachgeben. Irgendwo ist das in seinem Kopf noch vorhanden. Seine Eltern sind allerdings auch schon sehr alt.»

Auch Vorbilder haben es schwer

Väter und Mütter, deren Eltern von der Studentenbewegung geprägt waren, strebten genau das Gegenteil an. Sie ermunterten zwar ihre Söhne, Gefühle zu zeigen, aber in ihrem Umfeld hatten diese damit große Probleme. Die Jungengruppen, in denen die Söhne aufwuchsen, gingen miteinander um wie eh und je, die Jungen konkurrierten miteinander, kämpften miteinander. «Meine Mutter hat mich extrem pazifistisch erzogen», erzählt Mattis Birenheide, «was meines Erachtens ein Fehler war. Bei mir hatte das so starke Auswirkungen, dass ich mich als Kind nicht wehren konnte und als Erwachsener nicht in der Lage war, mich für mein Recht einzusetzen. Es hat mich sehr viele Jahre gekostet, das zu lernen.» Auch wenn Mattis Birenheide – wie sonst viele Frauen – lernen musste, sich selbst zu behaupten und nicht die Gefühle anderer vornan zu stellen, so hat er bei seinen Kindern etwas äußerst Positives bewirkt: Alle drei können über Gefühle sprechen, für sie ist das so selbstverständlich wie Unterhaltungen über Schulnoten oder Einkaufslisten.

Väter als Vermittler

Welches Vorbild auch immer Väter darstellen, eine Rolle können sie alle erfüllen, und das ist die des Vermittlers. Wenn Mütter rätselnd vor ihren Söhnen stehen, weil diese gerade wieder einmal Fangen im Wohnzimmer spielen oder sich um die Fußballsammelbilder streiten, dann kann es der Vater sein, der den Konflikt entschärft. «Schon oft hat mein Mann zu mir gesagt: ‹Jungen sind halt so!›», berichtet Manuela Richter. «Für mich war jede Aggressivität, jeder Streit, jeder Kratzer eine Katastrophe, ich kannte dieses Verhalten nun mal nicht. Ich war als Mädchen nicht so. Und mein Mann sagt es nicht nur oft, ich frage ihn auch mindestens genauso häufig: ‹Warst du auch so?› Ich weiß die Antwort jedes Mal schon im voraus. Und trotzdem ärgert und stört es mich. Ich komme mit der Unruhe, den Aggressionen, den permanenten Kämpfen um alles und jedes einfach nicht klar.»

Manuela Richter musste lernen, dass ihre Kindheit mit der ihrer Kinder nicht verglichen werden kann. Und dass sie für ihre Jungen weder ein Vorbild sein noch sich selber stillschweigend als Vorbild nehmen kann. Eine Mädchenkindheit in den siebziger Jahren hat mit einer Jungenkindheit heute nun einmal wenig gemein. Michael Mann fasst zusammen, was viele Väter denken. Er fühlt sich durch seinen Sohn ständig an seine eigene Kindheit erinnert: «Wenn ich mit meinen Jungs unterwegs war», überlegt er, «dann war ich ein typischer Junge. Ich hab viel angestellt, und ich hab mich viel gekloppt, und wir haben sehr viele gefährliche Sachen gemacht, und es waren nie Mädels dabei.» Und deshalb hat er sehr viel Verständnis für all das, was sein Sohn tut.

Väter und Söhne haben Gemeinsamkeiten

«Sie toben gemeinsam, mein Mann und mein Sohn», erzählen sehr viele Mütter. Und zwar schon, wenn die Kinder noch sehr klein sind. Väter und Söhne haben großen Spaß daran. Betrachtet man es ganz genau, knüpfen Väter damit an ihre eigenen Kindheitserfahrungen an. Werden die Jungen etwas älter, dann spielen die Väter mit ihnen Fußball, fahren mit ihnen Fahrrad, nehmen sie mit zu Sportveranstaltungen. Väter sind also vor allem für körperbetonte Spiele zuständig. Und Jungen teilen das auch gerne mit ihren Vätern. Am liebsten ohne Mama. Die sich meist eh nicht in dem Maße dafür interessiert wie der Papa. In nicht wenigen Familien ist deshalb der Sonntagnachmittag nicht nur einmal im Jahr – so wie früher – «Papatag», sondern jedes Wochenende.

Mütter müssen dafür loslassen lernen, ihrem Sohn die exklusive Beziehung zu ihrem Vater zugestehen. Das fällt vielen Müttern schwer. Bei Familie Richter etwa ist es abendlicher Ritus, dass die zwei Kinder getrennt von jeweils einem Elternteil ins Bett gebracht werden. Und fast jeden Abend kommt der Vater abends zur Mutter und berichtet: «Fabian hat gesagt, dass …» Manchmal sind es Gespräche über Geschehnisse in der Schule, manchmal über Wünsche nach Spielsachen. So wie Fabian möchten Jungen im Grundschulalter für sie wichtige Dinge mit einem Mann besprechen. Und das ist für die meisten nun einmal der Vater. Aber es kann auch der Opa, der Onkel, ein Trainer sein, jedenfalls ein Mann, der sich für sie interessiert. Auch bei Familie Mann finden seit einiger Zeit solche Mann-zu-Mann-Gespräche statt. Niklas' Vater meint: «Ich habe das Gefühl, dass ich ihn im Moment besser verstehe als seine Mutter.» Im Moment heißt, seit Niklas in die Schule geht. Und seit er sich wie ein typischer Junge benimmt.

Das kann sich während der Pubertät wieder ändern. Dann,

wenn sich der Junge von seinem Vater abgrenzen muss, um seine Identität zu finden. Dann können wieder sehr vertrauensvolle Gespräche zwischen Mutter und Sohn stattfinden. Nur bei einigen wenigen Themen, vor allem denjenigen, die mit der körperlichen Entwicklung zusammenhängen, bei denen sollten sich die Väter auf jeden Fall einbringen. Das liegt in der Natur der Sache.

Die Bedeutung der Väter

Väter spielen anders mit kleinen Kindern als Mütter. Was Mütter häufig stört. Doch nach einer psychologischen Untersuchung der Universität Regensburg aus dem Jahr 2000 machen Väter ihre Sache dabei sehr gut. Vorausgesetzt, sie sind sensibel, geduldig, aufmerksam und zugewandt.

Die Psychologen untersuchten das Spielverhalten von Vätern mit Kindern zum ersten Mal, als die Kinder im Kleinkindalter waren, und wiederholten ihre Studien jeweils 16 und 22 Jahre später. Das Ergebnis ist erstaunlich: Die Feinfühligkeit des Vaters beim Spiel mit dem Kleinkind beeinflusst das Verhalten des jungen Erwachsenen ihrem/seinem Partner gegenüber. Kinder von sensiblen Papas haben weitaus weniger Probleme in Partnerschaften als Kinder von nichtfeinfühligen Vätern. Und: Die «Spiel-Feinfühligkeit» der Mutter hat dabei nur wenig Bedeutung.

Diese Untersuchung belegt, wie wichtig es ist, dass Väter mit Jungen – und natürlich Mädchen – im Kleinkindalter spielen. Das ist, so die Untersuchung, sogar eine unverzichtbare Voraussetzung dafür, dass Jungen Sensibilität entwickeln können.

Zu einem ähnlichen Ergebnis kommt eine amerikanische Langzeitstudie. Die Autoren zeigen, dass Jungen von Vätern, die aktiv in deren Leben eingebunden sind, weniger aggressiv und wettbewerbsorientiert sowie flexibler in ihren Rollenvorstellungen sind. Der Grund: Die Väter haben sich ihnen zugewandt, ohne dass die Jungen auffällig oder aggressiv sein mussten. Die Jungen fühlten sich geliebt, und sie erfuhren ein positives Vater-Sohn-Verhältnis.

Die idealen Väter

Ideale Väter sind – wenn auch meist eher gezwungenermaßen – am ehesten die allein erziehenden Väter. Sie müssen präsent sein, sie kümmern sich um den Haushalt, sie sprechen über Gefühle. Jungen haben in diesen Familien die Möglichkeit zu erleben, dass Männer all diese Funktionen genauso erfüllen können wie Frauen. Befragt, was er seinen Kindern anderes mitgebe als andere Väter, antwortet Tobias Michel, seit einem Jahr allein erziehend: «Ich verbringe viel mehr Zeit mit ihnen, bin viel mehr für sie da. Ich mache mir auch mehr Gedanken um sie als früher.» Er zieht ein Resümee: «Ich bin der Einzige, der da ist, ich kriege alle Freude ab, ich kriege allen Ärger ab. Dadurch ist mein Leben nicht komplizierter geworden, sondern intensiver.» Sicher geht es vielen Männern – auch nicht allein erziehenden – genauso, wenn sie mehr Zeit mit ihren Kindern verbringen. Sie müssen es nur tun. Und die Frauen müssen sie lassen.

Und welche Rolle spielen Mütter?

In erster Linie versorgen die meisten Mütter ihre Söhne. Sie sind ihnen nahe. Vor allem den Jungen im Kleinkind- und Vorschulalter. Auch wenn sie sie nicht immer verstehen: «Ich habe nicht gedacht, dass es möglich ist, solch ein enges Verhältnis zu einem Jungen aufzubauen», wundert sich Monika Dabs. «Ansgar ist sehr vertrauensvoll. Sein oppositionelles Verhalten ist mir aber sehr fremd, es ist ein Störfaktor in unserem Verhältnis.»

Glaubt man vielen Müttern, so sind viele Jungen bis zum Vorschulalter in sehr viel höherem Maße abhängig von der Anwesenheit und Fürsorge der Mütter als Mädchen. Mädchen sind selbständiger, lassen sich viel leichter fremd betreuen und haben weniger Probleme damit, mal bei der Oma oder einer Freundin zu übernachten. Der amerikanische Psychologe William Pollack (1998, S. 12 ff.) bestätigt diese große Abhängigkeit und Anhänglichkeit von Jungen an ihre Mütter. Er behauptet, man verlange von den Jungen eine zu frühere Abnabelung, man dulde kein Zögern und Klagen. Damit kein Nesthocker oder Muttersöhnchen aus ihnen werde. Verlange ein Mädchen nach Hilfe und Rückendeckung oder eben danach, bei der Mutter bleiben zu dürfen, werde ihm das eher gewährt. Wenn Pollacks Aussagen zutreffen, dann hieße das: Mütter erwarten von Jungen früher, dass sie ohne sie zurechtkommen. Die Jungen werden, so Pollack, gegen ihre eigenen Gefühle der Angst und Hilflosigkeit abgehärtet. Das stimmt hierzulande aber nur noch für einen Teil der Familien, denn die frühe Abhärtung ist kein allgemeiner Erziehungskonsens mehr.

Tatsache ist allerdings, dass Jungen beginnen, sich in dem Moment von ihren Müttern zu entfernen, wenn sie eigene Interessen entwickeln. Fragt man Mütter von Jungen im Kindergarten- bis Grundschulalter, was sie mit ihren Söhnen allein tun, dann überlegen viele lange. Die gemeinsamen Aktivitäten werden seltener. Petra Becker meint dazu: «Ich finde, Mädchen in diesem Alter sind einfacher. Ich bastele gern und ich male gern. Und diese Vorlieben werden eher geteilt. Wenn ich die Jungen beschäftige, dann muss ich das entgegen meinen Neigungen tun. Denn ich muss Dinge machen, die ich von mir aus eigentlich nicht tun würde.»

Das geht vielen Müttern so. Doch wenn sie den Kontakt zu ihren Söhnen halten wollen, dann müssen sie genau das tun: gemeinsam mit dem Sohn etwas unternehmen. Denn «die gemeinsame, spielerische Aktivität ist seine Art, Liebe, Zuneigung und Anteilnahme auszudrücken» (Pollack, 1998, S. 126).

Genau das bestätigt auch der eben genannte Psychologe Pollack in seiner Langzeitstudie. Jungen wollen mit ihrer Mutter etwas «machen», wie mit ihrem Vater, z. B. Fahrrad fahren, Tischfußball spielen, ein Regal aufbauen oder den Gartenzaun streichen. Für Mütter ist das schwierig zu verstehen, denn sie selber würden vermutlich anders handeln, wenn sie Nähe zu einem Menschen herstellen wollen. Sie würden immer das Miteinanderreden, nicht eine Aktivität in den Vordergrund stellen.

Ob Jungen im Vorschul- oder Grundschulalter oder in der Pubertät, die Mütter werden von den Pädagogen nicht aus der Verantwortung gelassen. So wichtig der Vater oder eine andere männliche Bezugsperson auch sein mag, die Bedeutung der Mutter für den Jungen bleibt gleich groß, auch wenn sein Verhalten und seine Interessen etwas anderes vermitteln!

Schule

«Dadurch, dass Mädchen ruhiger und braver sind», sinniert Cornelia Widmayer, «sind sie beliebter bei den Lehrern. In der Klasse meiner Tochter Vanessa haben nahezu alle Jungs Probleme mit der Lehrerin. Fast alle Eltern sagen, das ist eine Mädchenlehrerin.» Solche Feststellungen sind auch heute noch Alltag. Die Einführung der Koedukation hat zu einer – ungewollten – Bevorzugung von Mädchen geführt. Denn Jungen schneiden im Vergleich zu den Mädchen in unseren Schulen tatsächlich schlechter ab. Der herkömmliche Unterricht verlangt langes Stillsitzen und diszipliniertes Reden, Schreiben und Malen, also Betätigungen, die man im herkömmlichen

Sinne unter Bravsein versteht. Gefragt sind Dinge, bei denen Jungen im Vergleich zu Mädchen Schwierigkeiten haben.

In der Schule müssen sich Kinder konzentrieren. Und auch das fällt Jungen besonders schwer, da sie mit der Konkurrenz untereinander beschäftigt sind. Ob im Unterricht oder in der Pause, sie haben sich ständig im Auge. Das lenkt ab und verbraucht Energie, die die Mädchen in Inhaltliches stecken.

Das ist schon verwunderlich. Denn Jungen erhalten nach wie vor von den meisten Lehrern den Großteil der Aufmerksamkeit, gleichgültig, ob sie sich in Tadel oder Ansprache äußert (vgl. Wieland, 1995). Lehrer scheinen die Erkenntnisse der Jungenforschung wenig zu berücksichtigen. «Böse Jungs, liebe Mädchen» sind nämlich nicht naturgegeben, sondern werden auch vom Schulsystem produziert.

Mädchen werden bevorzugt

Mädchen haben es leichter, in der Schule und auch zu Hause in den Familien, in der Verwandtschaft. «David sagt in letzter Zeit öfter: ‹Ich mach ja sowieso immer alles falsch!›, und das ist oft, wenn Mädchen und Jungen gemischt sind.» Seine Mutter Barbara Mann ist nachdenklich und ein wenig ratlos. «Die Mädchen wissen sich einfach besser anzupassen. Oft ist das so, dass die Jungen sich auf einmal keilen, und die Mädchen stehen daneben und tun so, als ob sie überhaupt nichts damit zu tun hätten. Vor kurzem gab es so eine Situation. David hat sich mit Niklas gestritten, die haben sich auch geschlagen. David hat geweint, und Niklas war bockig – und hat ebenfalls geweint, denn David hatte ihm wehgetan. Die Mädchen haben sich geärgert, dass dann gar nichts mehr ging. Eigentlich wollten sie etwas vorführen. David hat zu Hause gesagt: ‹Jetzt sind sie sicher alle sauer auf mich …› Er spürt, dass da Erwartungen sind, die er nicht erfüllt hat.»

53

Die Mädchen hatten die Erwartungen erfüllt, sie waren nicht diejenigen, die die Aufführung des kleinen Theaterstücks im Verwandtenkreis unmöglich machten. «Doch», so ist sich Barbara Mann sicher, «geht diese Dynamik in der Gruppe gewiss nicht immer nur von den Jungen aus.» Vielleicht hat eines der Mädchen einen der Jungen verbal gepiesackt, und dann entwickelte sich daraus ein Streit. Nur: Das sah man nicht. Nach außen waren die beiden Jungen die Streitverursacher. Ihr Verhalten ist störender, und sie benehmen sich auch nicht deeskalierend, d. h., sie versuchen nicht, den Streit zu mindern. Mädchen würden in den meisten Fällen versuchen, den Streit mit Worten zu beenden – so wie sie ihn angefangen haben. Und rein verbaler Streit wird nun einmal von den Erwachsenen nicht so negativ beurteilt wie eine körperliche Auseinandersetzung.

«Es ist schon so», meint Mattis Birenheide, «dass man bei Streitigkeiten zwischen Jungen und Mädchen den Jungen eher zutraut, der Schuldige zu sein. Das haben wir wohl einfach verinnerlicht.» So dauerte es lange, bis die Eltern verstanden, dass bei den Streitigkeiten zwischen ihrem neunjährigen Sohn und ihrer achtjährigen Tochter das Mädchen «wesentlich brutaler und aggressiver» ist. Ihr Sohn nimmt sich, auch weil er größer ist, mehr zurück.

Selbst bei Kindergärtnerinnen herrscht manchmal noch die Meinung vor, dass immer die Jungen die Streitverursacher seien und dass man sie heftiger disziplinieren müsse als Mädchen. Koray Birenheide hat das im Kindergarten häufiger zu spüren bekommen. Denn bei Streitigkeiten wurde er von den Erzieherinnen heftig angefahren, so laut sogar, dass er seinen Eltern erzählte, er würde geschlagen. Was allerdings nicht stimmte, es war der Tonfall, mit dem er nicht zurechtkam, den er von zu Hause nicht gewöhnt war. Den Erzieherinnen ist das nicht aufgefallen. Tatsächlich, das haben auch wissenschaftliche Untersuchungen ergeben, reagieren die meisten Jungen später auf Sanktionen als Mädchen (vgl. Maccoby, 2000, S. 139 ff.). Eine leise Ermahnung genügt häufig nicht. Nur trifft das eben nicht auf alle Jungen zu.

Je älter die Jungen werden, desto stärker sind sie dieser unterschiedlichen Behandlung ausgesetzt. Außerdem begreifen sie sie auch und können sehr genau in Worte fassen, was vor sich geht: «Als Koray in der siebten Klasse war, hat er oft erzählt: ‹Die Mädchen sind ordentlich, die machen das alles mit links, und die haben sowieso keine Probleme. Mädchen haben es viel einfacher!›», berichtet seine Mutter Latife Birenheide. «‹Mädchen fällt alles zu. Die passen sich besser an! Die haben nicht so viele Probleme!› waren seine Worte.»

Jungen selber haben schon begriffen, was den Erwachsenen erst ganz allmählich dämmert.

Wie sieht der Mann aus, der aus Ihrem Sohn einmal wird?

Wie sieht der Mann aus, der aus Ihrem Sohn einmal wird? Bitte stellen Sie sich diese Frage. Haben Sie schon darüber nachgedacht und vielleicht konkrete Vorstellungen entwickelt? Die meisten Eltern sind überrascht, wenn man sie mit dieser Frage konfrontiert. Denn im Alltag bleibt meist keine Zeit, darüber nachzudenken. Aktuelles wird selten gelöst im Hinblick auf die Vision eines jungen Mannes. Nachdem sich die Überraschung etwas gelegt hat, können die meisten Väter und Mütter eine Menge mit dieser Frage anfangen. Denn natürlich haben sie ein Bild in ihrem Kopf, nur ist es ihnen nicht bewusst.

Es fällt auf, dass viele Eltern keine Berufe nennen. Ihnen ist wichtig, dass ihre Söhne zu sich selber, zu ihren Eigenschaften, zu ihren Gefühlen stehen sollen. Der «lonely hero» ist out. «Ich möchte jedem auf seinem Weg weiterhelfen», beschreibt Petra Becker dabei ihre Aufgabe. Und der ist nicht festgelegt. «Er soll ein offener, authentischer Mensch werden», wünscht sich Monika Dabs für ihren Sohn. «Einen sozialen Erwachsenen mit viel Einfühlungsvermögen» stellt sich die Familie Mann vor.

«Ich möchte, dass er sich mehr in die Familie einbringt als sein Vater», gesteht Barbara Mann. Denn das war der Grund, weshalb ihre Partnerschaft auseinander ging. «Er soll unabhängig von einer Frau sein, vor allem in praktischen Dingen», wünscht sich Mattis Birenheide. «Ich habe aus Liebe geheiratet, ein Haus putzen kann ich selber. Das hoffe ich auch für ihn.» – «Meine Söhne sollen glückliche Menschen werden», sagt Joachim Schlichte. Für ihn kommt es darauf an, «was wer in welchem Gefüge leisten kann». Tobias Michel meint: «Sie sollen realistische, ehrliche, verlässliche Menschen werden. Dann haben sie auch ein prima Rüstzeug dafür, eine lange dauernde Beziehung zu leben, egal, wie die genau aussieht.»

Erfüllen sich die Wünsche der Eltern, wird aus ihren Söhnen das, was gemeinhin als «neuer Mann» gilt. Die Söhne, aus denen solche Männer werden können, sollten dann «neue Jungen» heißen.

Doch ist das so eine Sache mit diesem neuen Begriff. Denn so neu ist der «neue Junge» ja gar nicht. Viele Künstler aller Zeiten waren als Kinder «neue Jungen» und als Erwachsene «neue Männer». Im Grunde ist es angemessener, sie «starke Jungen» zu nennen. Und dabei das Wort «stark» anders zu definieren. Stark ist, wer dann Stärke zeigt, wenn sie gefragt ist. Stark ist aber auch, wer Mitgefühl zeigt, wenn jemand anders es braucht.

Was genau ist ein «starker Junge»?
Eine Vision

Ein starker Junge ist ein Kind, das seine Persönlichkeit behalten darf, das sich nicht der Geschlechterpolizei unterwirft. Ein starker Junge spielt Fußball, weil ihm das Spaß macht, und nicht, weil die anderen ihn auslachen, wenn er sich nicht beteiligt. Er wagt es, sich mit einem Mädchen zu verabreden, und zwar mitten auf dem Schulhof, wenn alle zuhören können. Er hilft einem Erstklässler, wenn dieser die Turnhalle nicht findet, und lacht ihn nicht aus. Er liest gerne Bücher, auch wenn die anderen meinen, das sei nicht cool. Er weint, wenn er sich mit seinem besten Freund gestritten hat. Und versucht, sich wieder mit ihm zu versöhnen, indem er über die Situation mit ihm spricht. Er freut sich über gute Leistungen in der Schule, aber nicht, weil er dann wieder angeben kann. Er hilft seinem kleinen Bruder beim Aufräumen, statt zu petzen, wie es in dessen Zimmer wieder aussieht. Er weiß, wie sich seine Mutter fühlt, wenn sie sehr müde ist und ihre Ruhe will. Er kocht mit seinem Papa das Sonntagsessen für die ganze Familie und räumt hinterher die Küche wieder auf.

Der «starke Junge» vereint eine ganze Palette von Eigenschaften in sich, sowohl traditionell den Männern zugeschriebene, wie Stärke, Ausdauer und Gefühlsbeherrschung, als auch traditionell mit Frauen verbundene, wie Empathie, Gefühlsbetontheit, Hilfs- und Kooperationsbereitschaft. Er passt sein emotionales Repertoire an die jeweilige Situation an. Wie Mädchen das heute oft schon tun – mal sind sie Zicke, mal Schmusekatze.

KAPITEL 2

Das benachteiligte Geschlecht – Zahlen, Daten, Fakten

Frauen sind das benachteiligte Geschlecht, das stand in den 70er Jahren fest. Seither hat sich viel geändert, die Frauen haben in vielen Bereichen aufgeholt. Es sind nur noch drei Bereiche, in denen Männer ihnen voranstehen: Führungspositionen, Gehälter und die Vereinbarkeit von Familie und Beruf.

In vielen anderen Lebensbereichen müssen mittlerweile die Männer den Frauen hinterherhecheln. In bestimmter Hinsicht haben sie sogar weniger Chancen, weil sie andere biologische Voraussetzungen als Frauen mitbringen. Ein Blick auf die Statistik zeigt: Der männliche Körper ist von Geburt an anfälliger. Um die Gesundheit der Männer ist es schlechter bestellt, ihre Lebenserwartung ist niedriger. Dies gilt auch in Hinblick auf die besseren Schulleistungen der Mädchen sowie auf die sich zu Gunsten von Frauen verändernden Chancen auf dem Arbeitsmarkt. Jungen und Männer werden häufiger Täter und Opfer von Straftaten und Gewalt. Die Männer sind heute ins Hintertreffen geraten.

Die anfälligen Jungen

Im Jahr 2000 verursachte eine Untersuchung weltweites Aufsehen. Der englische Kinder- und Jugendpsychologe Sebastian Kraemer fand heraus, dass Jungen und Männer von der Natur keineswegs als das «starke», sondern im Vergleich zu Frauen als das weitaus «anfälligere» Geschlecht ausgestattet werden (vgl. Sebastian Kraemer, «The Fragile Male», in: *British Medical Journal*, Dez. 2000). Das betrifft schon die Zeit vor der Geburt. So kommen zwar 120 männliche Embryos auf 100 weibliche, aber sie sind weitaus anfälliger für alle vorgeburtlichen Schäden, wie zerebrale Lähmungen, Fehlentwicklungen des Gehirns oder der Gliedmaßen. Auch die Geburten selber stellen für Jungen ein größeres Risiko dar, denn es gibt deutlich häufiger zu früh und tot geborene Jungen. Außerdem sind Mädchen den Jungen vier bis sechs Monate in ihrer Entwicklung voraus. Von den 120 männlichen Embryos entwickeln sich nur etwa 105 zu lebensfähigen Kindern. Und diese sind dann im Laufe ihres Lebens wesentlich mehr Risiken ausgesetzt als Mädchen.

Jungen hinken Mädchen zudem in ihrer körperlichen Entwicklung hinterher. Deshalb brauchen sie mehr elterliche Aufmerksamkeit als Mädchen. Jungen haben eine schlechtere Selbstkontrolle als Mädchen und reagieren deshalb stärker auf positive und negative Geschehnisse. In der Folge benötigen die Mütter mehr Energie, um sie zu beruhigen und zu versorgen als Mädchen. Damit sind sie auch abhängiger von ihren Müttern als Mädchen. Es ist nachvollziehbar, dass Jungen aus diesem Grund auch häufiger von einer postnatalen Depression ihrer Mutter betroffen sind als Mädchen. Ein Versuch mit sechsjährigen Jungen ergab, dass sie weniger verständnisvoll sind als Mädchen. Das Geschrei eines Babys konnten sie einfach nicht ertragen. Die Jungen wehrten ihre Gefühle wie Verlustängste und Leid ab, so weit das möglich war.

Nicht nur die Selbstkontrolle von Jungen funktioniert schlechter, sie sind auch von anderen Entwicklungsstörungen deutlich häufiger betroffen als Mädchen, dazu zählen Lese-Rechtschreib-Schwächen, das Aufmerksamkeits-Defizit-Syndrom, Hyperaktivität, Autismus, Stottern und das Tourette-Syndrom. Diese Erscheinungen treten bei Jungen drei- bis viermal häufiger als bei Mädchen auf. Verhaltensauffälligkeiten und oppositionelles Verhalten sind unter Jungen doppelt so oft verbreitet wie unter Mädchen.

Die Ursache dieser ungleichen Verteilung ist, dass Jungen nur ein X-Chromosom haben, die Mädchen hingegen zwei. Die meisten Erbanlagen für wichtige Körperfunktionen liegen aber auf dem X-Chromosom. Sind Erbanlagen fehlerhaft, so haben Jungen keine Chance, diese durch ein zweites X-Chromosom – so wie Mädchen – zu korrigieren.

Das Fazit: Jungen sind generell schwieriger aufzuziehen und zu erziehen als Mädchen. Und deshalb geht es auch häufiger schief. Für Eltern keine beruhigende Erkenntnis.

Mädchen sind die besseren Schüler

Mädchen haben die Jungen in der Schule schon lange überholt. Je gehobener die Schulform, desto weniger Jungen – das ist die Faustformel für die Verteilung der Geschlechter. Dazu einige Zahlen aus der Bundesrepublik Deutschland (Daten vom Statistischen Bundesamt):

1. 56 Prozent aller Hauptschüler sind Jungen.
2. 64 Prozent aller Sonderschüler sind Jungen.
3. 46 Prozent aller Gymnasiasten sind Jungen.
4. Doppelt so viele Jungen wie Mädchen müssen jedes Jahr eine Klasse wiederholen.
5. Fast dreimal so viele Jungen wie Mädchen bleiben gänzlich ohne Abschluss.
6. Etwa 57 Prozent aller Absolventen mit Hauptschulabschluss sind Jungen.

7. Etwa 49 Prozent aller Absolventen mit Realschulabschluss sind Jungen.
8. Etwa 45 Prozent aller Absolventen mit Fachhochschulreife sind Jungen.
9. Etwa 45 Prozent aller Absolventen mit Abitur sind Jungen.
10. Auch an der Universität haben die Frauen die Männer überholt. Die Zahlen schwanken etwas von Semester zu Semester. Frauen sind mit einem Anteil von 52 bis 55 Prozent unter den Studienanfängern vertreten.

Diese traurige Bilanz hat verschiedene Gründe. Wesentlich dafür verantwortlich ist gewiss das geschlechtstypische Arbeits- und Sozialverhalten der Jungen:

- Jungen sind motorischer orientiert, müssen sich mehr bewegen. Das lange Stillsitzen ist für sie eine Qual, ihr Körper verlangt ständig nach Bewegung.

- Viele Jungen schreiben und malen nicht gerne, zum einen, weil man auch dabei still sitzen muss, zum anderen, weil sie in den feinmotorischen Fähigkeiten ein halbes Jahr hinter den Mädchen zurück sind.

- Die Gehirnstruktur von Mädchen und Jungen ist verschieden. Während beim Mädchen die Verbindung zwischen beiden Gehirnhälften besser neuronal ausgebildet ist, ist beim Jungen die linke Gehirnhälfte in sich intensiver vernetzt. Das heißt: Während Mädchen beim Sprechen beide Gehirnhälften nutzen, ist es bei den Jungen nur eine. Lernen funktioniert einfacher, wenn beide Gehirnhälften genutzt werden können. Nur für Mathematik trifft das nicht zu, dafür benutzt unser Gehirn nur die linke Hirnhälfte, die bei den Jungen leistungsfähiger als bei den Mädchen ist. Deshalb fällt Jungen Mathematik leichter. Nachweisen lässt sich das auch daran, dass mehr Jungen Teilleistungsschwächen im Lese-Rechtschreib-Bereich haben, während mehr Mädchen unter so genannter Dyskalkulie (Rechenschwäche) leiden.

Die negative Bilanz resultiert aber zu einem gewichtigen Teil auch darin, dass in unserem Schulsystem die besonderen Bedürfnisse und das Lernverhalten der Jungen weitgehend ignoriert werden. Es gilt als ungeschriebenes Gesetz, dass das Mädchenverhalten das richtige ist. Erst ganz allmählich setzt sich die Erkenntnis durch, dass sich nicht die Jungen ändern müssten, sondern dass das Schulsystem den Jungen entgegenkommen sollte – wovon auch die Mädchen profitieren würden.

- Jungen brauchen mehr Möglichkeiten zur körperlichen Bewegung, sowohl im Unterricht und in der Pause als auch im Sportunterricht, der in vielen Schulen nicht in der vollen Stundenzahl angeboten wird.
- Jungen brauchen klare Strukturen – Unterrichtsformen müssten darauf Rücksicht nehmen.
- Jungen brauchen Inhalte, für die sie sich begeistern können. Wenn es im Erstleseunterricht ständig um Haushaltsdinge geht, schalten sie einfach ab.

Jeder Junge wird einmal Partner und vielleicht auch Vater

64 Prozent aller Scheidungen werden von Frauen eingereicht. Hauptgründe sind verändertes Verhalten oder Untreue des Partners, Einschränkung der Selbstentfaltung, Auseinanderentwicklung der Partner, Kommunikationsstörungen, Schwierigkeiten, verschiedene Phasen des Familienzyklus für beide Partner zufrieden stellend zu leben. Frauen sind von den genannten Problemen stärker betroffen und eher mit einer Ehe

unzufrieden als Männer. Da hilft es auch nichts, dass mittlerweile 44 Prozent aller Erwerbstätigen Frauen sind und sich viele Männer, wenn auch nicht immer begeistert, am Haushalt und an der Kinderbetreuung beteiligen. Doch offensichtlich ist ihr Beitrag für die Partnerschaft und für die Familie den Frauen nicht genug. Offenkundig werden Männer immer noch ungenügend auf ihre Rolle als Partner und Vater vorbereitet.

Nach wie vor werden Mädchen auf zwei Lebensbereiche hin erzogen – auf die berufliche Arbeit einerseits und auf die Familie andererseits. Noch immer wird vielen Mädchen vermittelt: Die Familie geht vor. Ein Beruf ja, aber solange Kinder zu erziehen sind, eingeschränkt. Vor allem Eltern, die selber die Gewichtung so vornehmen und vorleben, vermitteln ihren Töchtern diese traditionelle Haltung.

Jungen werden, das ist klar, auf das Berufsleben vorbereitet. Die Eltern bringen ihnen zugleich eine bestimmte Haltung zur Familie bei: Jungen werden in der Rolle des finanziellen Versorgers gesehen. Dies gilt nach wie vor, obwohl die Scheidungsziffern die fatalen Folgen dieser Einstellung offenbaren. Jungen wird vermittelt, dass ihre spätere Mitarbeit im Haushalt sowie ihre Beteiligung an (emotionalen) Familienprozessen eher freiwilliger Natur sei.

Eine Veränderung lässt sich nur erreichen, wenn Väter und Mütter an einem Strang ziehen, wenn sie ihren Töchtern und Söhnen als Vorbild und als Haltung verdeutlichen, dass Beruf und Familie für beide Geschlechter gleichermaßen wichtig sind. Doch das ist Zukunftsmusik. Denn Männer und Frauen interessieren sich nach wie vor für sehr unterschiedliche Dinge. Nur ausgesprochen wenige Männer begeistern sich für die Dinge, die mit Haushalt zu tun haben. Ihre Interessen liegen eher bei Sport, Politik und Computern, sie sind leidenschaftliche Heimwerker oder Autoliebhaber. Mit allen diesen Dingen beschäftigen sich Frauen deutlich weniger. Die mangelnde Beteiligung der Männer an dem, was zu einer Partnerschaft gehört, gründet also auch in schlichtweg anderen Interessen des männlichen Geschlechts. Männer meinen es gar nicht böse, ließe sich dazu sagen, sie können einfach nicht anders. Fatal ist nur, dass sie als Väter diese Interessen an ihre Söhne weitergeben.

Für Frauen ist die tägliche Kommunikation existenzieller Bestandteil einer Partnerschaft. Dazu gehören auch Gespräche über Gefühle und die Beziehungen der Familienmitglieder untereinander. Die aber interessieren viele Männer nur am Rande. Wie also sollen Jungen lernen, diese Gespräche zu führen und ernst zu nehmen? «Männer müssen sich klar machen, dass sie eine neue Generation nicht anders erziehen können, solange sie selbst so bleiben, wie sie sind», meint die Osnabrücker Frauenforscherin Carol Hagemann-White dazu. «Männer hatten immer die Tendenz, zu meinen, die Geschlechterfrage sei eine Frauenfrage und das Beste, was sie tun könnten, sei, den Raum zu verlassen. Das können sie aber nicht.»

Männer sind ein Gesundheitsrisiko für sich selbst

Viele Jungen können nur unzureichend mit Gefühlen umgehen, stellte der Kinder- und Jugendpsychologe Sebastian Kraemer in der schon einmal zitierten Untersuchung fest. Diese Schwäche birgt ein großes Risiko. Denn viele Jungen «schämen sich, sich zu schämen», sie versuchen, gar nicht mehr zu fühlen, sie werden zu, so Kraemer, «Jungen, die nicht sprechen». Und mit dieser Haltung werden sie zu einem großen Gesundheitsrisiko für sich selbst. Denn diese Jungen spielen ständig den Helden und glauben, sie seien unverletzlich. Außerdem denken sie, da sie nicht über Gefühle sprechen können, es mache wenig Sinn, bei Problemen Hilfe zu suchen.

Die Unfähigkeit, Gefühle zu verarbeiten, und der Zwang, sich ständig beweisen zu müssen, führen zu fatalen Fehleinschätzungen von Risiken. Es sind vor allem junge Männer, die mit Alkohol und Drogen experimentieren – und die deren Opfer werden. Ein Beispiel: Die Unfallquote der männlichen Fahranfänger liegt weit über dem Durchschnitt.

Die Unfähigkeit, über Gefühle zu sprechen, zieht auch größere gesundheitliche Gefährdungen für Männer nach sich. Sie gehen nur äußerst ungern zum Arzt. Sie wollen einfach nicht schwach, nicht krank sein. 60 bis 70 Prozent aller Patienten sind weiblich. Männer nehmen die von den Krankenkassen angebotenen Vorsorgeuntersuchungen meistens gar nicht erst wahr. So werden viele Krankheiten bei Männern zu spät erkannt. Das ist umso schwerwiegender, als Männer eine schlechtere Autoimmunlage haben als Frauen. Frauen sind von der Natur gefordert: Ihr Körper muss sich bei einer Schwangerschaft zwangsläufig mit fremdem Gewebe – den männlichen Zellen – auseinander setzen. So ist der weibliche Körper auch eher in der Lage, mit Bakterien und Viren fertig zu werden. Eine Folge: Zwischen 30 und 65 Jahren sterben sechsmal mehr Männer an Herzinfarkt als Frauen, und sie erkranken dreimal häufiger an Kreislaufkrankheiten und an Lungenkrebs.

Ergebnis der biologischen Nachteile und der schlechteren Gesundheitsvorsorge bei Männern: Während die Lebenserwartung bei heute geborenen weiblichen Säuglingen bei 80,57 Jahren liegt, sind es bei männlichen Neugeborenen nur 74,44 Jahre. Männer werden mit ihrer Haltung: «Ich habe keine Gefühle. Ich bin nicht krank. Ich brauche keine Hilfe» zu Feinden ihrer selbst. Die beste Gesundheitsvorsorge, die Eltern für Jungen betreiben können, ist, ihnen beizubringen, über Gefühle zu sprechen. Und keine Angst davor zu haben, Schwächen zuzugeben. Auch nicht beim Arzt.

Ob Opfer oder Täter –
Gewalt gehört zur Männerwelt

Der Reiz, Verbotenes zu tun, der Zwang, sich beweisen zu müssen, und die mangelnde Sensibilität von Jungen und Männern haben Folgen auch für das Wohlergehen und das Leben anderer. 77 Prozent aller Tatverdächtigen und 83 Prozent aller Verurteilten sind Männer. Wie brisant vor allem das Alter zwischen 14 und 21 Jahren ist, zeigt sich daran, dass überproportional viele männliche Jugendliche Straftaten begehen: 23 Prozent aller von Männern verübten Straftaten geschehen, wenn die Täter in diesem Alter sind. Alle schwereren Straftaten werden zu einem überwiegenden Anteil von Männern – aller Altersgruppen – verübt (folgende Zahlen: vgl. Bundeskriminalamt, 2000). Bei Sexualverbrechen sind 96 Prozent der Straftäter Männer, bei Mord und Totschlag sowie schwerer Körperverletzung 93 Prozent, bei schwerem Diebstahl 91 Prozent. Frauen holen nur bei den leichteren Straftaten wie Diebstahl ohne erschwerende Umstände (34 Prozent), Betrug (26 Prozent), Beleidigung (25 Prozent) etwas auf. 96 Prozent aller Gefängnisinsassen sind Männer. Verteidiger des männlichen Geschlechts führen dagegen an, dass die Zahl der Kinder, die an mütterlicher Vernachlässigung oder Gewalt sterben, wahrscheinlich höher liege als die Zahl jener, die Sexualmördern zum Opfer fallen (vgl. Gerbert, 2001, S. 169 f.). Sicher, Frauen können auch gewalttätig sein, sie sind es nur auffällig seltener.

Männer werden auch häufiger Opfer, beim Raub sind sie zu 68 Prozent betroffen, bei Mord und Totschlag bis zu 57 Prozent.

Für Eltern ist es eine große Aufgabe, Jungen vor Gewalt zu schützen, sie davor zu bewahren, Täter oder Opfer zu werden. Denn Gewalt schleicht sich schon früh als selbstverständlicher Teil in ihr Leben ein. Bei einer Umfrage unter zehnjährigen Schülern, durchgeführt von den Sozialwissenschaftlerinnen Cheryl Benard und Edit Schlaffer (1994, S. 214 ff.), zeigten sich erschreckende Ergebnisse: 94 Prozent der Jungen werden im Laufe einer Schulwoche geschlagen, bei den Mädchen sind es 17 Prozent. 66 Prozent der Jungen werden ein- bis zweimal pro Woche von *mehreren* Mitschülern gemeinsam verprügelt. 80 Prozent der Jungen geben zu, selbst Gewalt anzuwenden, wobei die Hälfte auf Provokationen von Mitschülern reagiert. Als besonders schlimm empfinden die Kinder die Gewalt, wenn sie nicht von Klassenkameraden, sondern von älteren und größeren Schülern ausgeübt wird. Denn hier geht es nicht nur um Schmerz, sondern auch um Demütigung. Und für Erwachsene um die weit reichenden Folgen: Wenn die Gedemütigten älter werden, üben sie die Gewalt selber aus. Denn jetzt sind sie ja endlich nicht mehr die Kleinen.

Eltern stehen also vor einem großen Dilemma. Sie wollen ihren Söhnen zwei Haltungen beibringen, die letztendlich kaum vereinbar sind: einerseits über Gefühle zu sprechen und nicht abzustumpfen, andererseits damit zurechtzukommen, wenn andere Druck ausüben, sie seelisch und körperlich schikanieren. Geeignete Gegenreaktionen sind eigentlich nur Abstumpfung und Sichwehren. Doch wenn Jungen nicht lernen, anders als mit Gefühlskälte und Gewalt auf Konflikte zu reagieren, so werden sie diese Haltung auch als Erwachsene beibehalten.

Schlechtere Chancen auf dem Arbeitsmarkt der Zukunft

«Die Rivalität um Frauen ist ersetzt worden von der Rivalität *mit* den Frauen», schreibt der Psychologe Sebastian Kraemer in seiner Untersuchung. «Die Überlebensfähigkeiten, die unsere Vorfahren brauchten, wie z. B. physische Risiken auf sich zu nehmen, haben wenig mit dem zu tun, was heute verlangt wird. Männliche Fähigkeiten waren früher nützlicher.»

Prognosen, die Entwicklungen auf dem Arbeitsmarkt betreffen, bestätigen diese Aussagen. Strukturwandel und Automatisierung lassen viele Jobs verschwinden, für die vor allem Körperkraft verlangt war. In einer Dienstleistungsgesellschaft wie der unseren sind andere Fähigkeiten gefragt. Der Psychologe David Goleman, bekannt geworden mit seinen Büchern zur emotionalen Intelligenz, hat in den USA eine landesweite Untersuchung bei Arbeitgebern durchgeführt. Sie sollten angeben, was sie von Berufsanfängern erwarten. Das sind nur begrenzt fachliche Fähigkeiten. Wichtiger sind die Bereitschaft, sich fortzubilden, und eine ganze Menge nichtfachlicher Kompetenzen:

- Zuhören können und mündliche Kommunikation,
- Anpassungsfähigkeit und kreative Reaktionen auf Probleme,
- Gewandtheit, Selbstvertrauen, Motivation, Aufstiegswille, Leistungsstolz,
- erfolgsorientierte, kooperative Einstellung zur Gruppe, Teamarbeit, Konfliktlösungsstrategien,
- Effektivität, Engagement, Führungsqualitäten.

Diese Qualitäten lassen sich unter dem Begriff der «emotionalen Intelligenz» zusammenfassen, die in der Arbeitswelt wichtiger als alles andere ist.

Frauen haben insofern auf dem zukünftigen Arbeitsmarkt bessere Chancen als Männer, denn sie verfügen aufgrund ihres genetischen Erbes und der noch keineswegs neutralen Geschlechterrollenerziehung eher über diese Fähigkeiten als Männer. Man denke an all die traditionellen Eigenschaften, die man Frauen zuschreibt – vor allem an die für das friedliche Zusammenleben so wichtige Empathie und die Fähigkeit zur gleichberechtigten Kommunikation. Traditionell erzogene Männer verkörpern nur die eine Seite, Erfolg, Leistung, Konkurrenz, Karriere, also all die so genannten harten Eigenschaften. Die weichen Fähigkeiten aber wagen sie, sofern sie sie überhaupt entwickeln konnten, nicht zu zeigen. Und schon gar nicht am Arbeitsplatz.

Die größere Anpassungsfähigkeit von Frauen ist für sie in zwei Punkten von Vorteil: zum einen, wenn es um die täglichen Abläufe an einem Arbeitsplatz geht. Zum anderen im Hinblick auf die Wandlungen, die sich in der Arbeitswelt vollziehen. Viele Vollzeitarbeitsplätze fallen weg, Arbeitnehmer müssen sich daran gewöhnen, sich so etwas wie eine Patchwork-Biographie zusammenzubasteln. Was früher als Einstellungshindernis galt – häufiger Arbeitsplatzwechsel –, das ist inzwischen der Normalfall. Arbeitnehmer sind heute beispielsweise zunächst Vollzeit angestellt, dann freiberuflich tätig, später halbtags beschäftigt und dann, nach einer Fortbildung, wieder ganztags.

Für viele Frauen ist das normal, müssen sie doch aufgrund der Babypause meist irgendwann aus ihrem Beruf aussteigen und danach wieder reduziert einsteigen. Männer empfinden einen solchen Lebenslauf nicht nur aus finanziellen, sondern auch aus Prestigegründen subjektiv als Katastrophe. Doch sie kommen oft nicht darum herum, sich mit diesen Realitäten zu arrangieren. Für Frauen ist die Patchwork-Biographie nicht nur der erzwungene Normalfall, sondern sie wünschen sich diese

Lebensform sogar. Wer beklagt, dass zu wenig Frauen Spitzen-
positionen einnehmen, beachtet nicht, dass nur 28 Prozent der
Frauen, aber 40 Prozent der Männer überhaupt danach trach-
ten. Frauen wollen Beruf und Familie vereinbaren. Dieses Ziel
ist nun einmal mit einem Halbtagsjob oder einer Tätigkeit im
unteren und mittleren Bereich, der nicht allzu viel Verantwortung mit sich bringt, leichter zu erreichen.

Machen Sie sich ein realistisches Bild von Ihrem Jungen!

Versuchen Sie einmal, die nachfolgenden Fragen zu beantwor-
ten: Geht Ihr Sohn pfleglich mit seinem Körper um? Spricht er
über Schmerzen mit Ihnen?

Wie kommt Ihr Sohn in der Schule zurecht? Ist er unruhig
oder laut? Kann er sich gut auf den Stoff konzentrieren?

Kümmert sich Ihr Sohn gerne um andere? Hilft er im Haushalt? Interessiert er sich auch für die «schönen Dinge»?

Ist Ihr Sohn aggressiv? Ist er in der Schule oder im Freundes-
kreis in Gewalt verwickelt?

Kann Ihr Sohn gleichberechtigt kommunizieren? Ist er
teamfähig oder eher dominant? Kann Ihr Sohn zuhören?

Männer sind die Verlierer der Emanzipation

Jungen und Männer schneiden also im Vergleich mit dem anderen Geschlecht schlecht ab. Daraus ergibt sich eine ein-
schneidende Folge: Der Maßstab für den idealen Schüler, Partner und Arbeitnehmer ist heute keineswegs mehr immer der

Junge oder der Mann – wie vor der Emanzipationsbewegung der 70er Jahre –, sondern immer häufiger die Frau. Männer sind jetzt oft diejenigen, denen etwas fehlt. Während die Frauen, was alle ehemals rein männlichen Eigenschaften betrifft, aufgeholt haben. Sie dürfen nicht nur stark sein, sie sind es auch. Männer müssten, um sich dem zunehmend gefragten Idealmenschen zu nähern, weicher sein, mehr Gefühle zeigen, mehr emotionale Intelligenz entwickeln, aber sie tun sich schwer damit.

Nicht aus bösem Willen oder blinder Verweigerung, sondern weil wir uns alle in einem evolutionären Prozess befinden. Das heißt, die Menschheit entwickelt sich fort, sowohl körperlich als auch geistig. Aber die Evolution ist langsam, unsere Gesellschaft verändert sich rascher als der Mensch. Die rasanten Wandlungen der letzten zehntausend Jahre – die für die Evolution eine kurze Zeitspanne sind – haben «in den biologischen Grundformen unseres Gefühlslebens kaum eine Spur hinterlassen (vgl. Goleman, Emotionale Intelligenz, S. 21). Konkret heißt das, wir fühlen wie unsere Vorfahren vor langer Zeit, aber diese Gefühle passen heute nicht mehr.

Unser biologisches Erbe ist kein unveränderbares Schicksal. Wir müssen es allerdings berücksichtigen. Vor allem bei der Erziehung. Wenn Eltern Jungen erziehen, sollten sie wissen, welche biologischen Gründe es für ihr Verhalten gibt und wie sie ihnen helfen können, in unserer Gesellschaft damit zurechtzukommen. Mütter und Väter sollten akzeptieren, dass sie vielleicht mehr Hilfe brauchen als Mädchen, weil ihre biologische Ausstattung eben heute nicht so gut passt wie die des weiblichen Geschlechts. Das Wichtigste ist, zu begreifen, dass der ganz eigene Umgang von Jungen untereinander nicht schlechter ist als der von Mädchen. Sondern nur anders.

KAPITEL 3

Die Entwicklung von Jungen – Vom Baby zum Erwachsenen

Erwartungen und Zuschreibungen

«Man glaubt gar nicht», erzählt Lisa Becker, Mutter von Lukas, vier Monate alt, «wie früh man auf das Geschlecht des Kindes hingewiesen wird. Man kann sich dem gar nicht entziehen.» Sie habe sich auf ihr Baby gefreut, nicht wissen wollend, «ob's ein Junge oder Mädchen wird». Doch sie hätte nur die Frage gehört: «Na, wird's ein Junge oder ein Mädchen?»

Stephanie Kurt, Mutter von Jakob, zwei Jahre, lächelt, als sie das hört: «Ich hatte wohl einen besonders spitzen und dicken Bauch, als ich schwanger war. Gleich meinten einige, das könne nur ein Junge sein, die bräuchten einfach mehr Platz! Ich hab das natürlich als Unsinn abgetan. Aber jetzt ist Jakob ständig in Bewegung, da kommt mir schon das Gerede von früher in den Sinn: Vielleicht stimmt das ja doch.»

Ihr wäre es ähnlich ergangen mit ihrem dreijährigen Patrick, berichtet Hanne Meister: «Als ich schwanger war, trommelte und strampelte er ständig. Der war schon damals permanent in Aktion. Alle meinten, dass das nur ein Junge sein könnte. Besonders meine Schwiegermutter versicherte mir: ‹Mit dem wirst du wohl deine Freude haben.› Wenn ich heute mal meine Not habe mit Jakobs Bewegungsdrang, kommt von seiner Oma gern dies besserwisserische: ‹Na, was hab ich dir gesagt!›»

Was ist ein «echter Junge»? Die Zuschreibungen setzen lebenszeitlich früh ein: Jungen spielen anders, lösen Konflikte und Krisen anders, sprechen anders, sind schlichtweg anders – lebhaft, robust, kräftig, trotzig, durchsetzungsfähig.

Sie habe sich, meint Bianca Hartung, Mutter zweier Söhne im Alter von fünf und acht Jahren, gegen solche Klischees gewehrt. «Ich wollte nicht, dass ich sie auf eine Geschlechterrolle, also meine Kinder als Paschas, festlege.» Unbewusst habe sie das doch getan, «vor allem, wenn ich sie mit meiner Tochter vergleiche. Die ist jetzt drei und macht weniger Probleme. Sie ist einfach hilfsbereiter, reibt sich nicht ständig an Grenzen. Ich kann mich mit ihr gut unterhalten. Die Jungen sitzen nicht still, gehen gröber miteinander um. Die streiten permanent, sind laut, freuen sich, wenn sie stören!» Sosehr sie sich bemühe, dagegen anzugehen, diese Klischees könne sie einfach nicht außer Kraft setzen.

«Warum auch», greift ihr Mann, Peter Hartung, ein. «Jungen sind von Natur aus eben so. Wozu muss man das verändern?» Er komme mit den beiden «Krawallbrüdern» klar. «Und was meine Frau für gewalttätig hält, ist es für mich noch lange nicht. Die lösen ihre Auseinandersetzungen eben anders.» Manchmal ginge es schon «brutal» zu, wie er meint, «aber am Ende liegen sie sich doch wieder ganz lieb in den Armen.»

Seine Frau macht darauf aufmerksam, dass sich ihr Mann gegenüber den Söhnen auch anders verhalte. Er bestätigt den Hinweis seiner Frau. Ihm falle es leichter, mit den Jungs zu spielen, zu toben, Sport zu treiben. Die seien mehr seine Welt, da könne er sich hineinversetzen. «Da kann ich nichts falsch machen. Bei unserer Tochter habe ich mehr Probleme – sie ist zierlicher, weinerlicher. Da weiß ich nie, wie weit ich gehen kann beim Raufen und Toben. Außerdem ist die Kleine so ungeheuer harmoniesüchtig.»

Die geschlechtsspezifischen Erwartungshaltungen, die die biologischen Unterschiede verstärken, werden früh formuliert. Problematisch ist dabei nicht ein unterschiedlicher Erziehungsstil von «Vater» und «Mutter», Kinder können sehr wohl damit umgehen. Konfliktträchtig wirkt sich vielmehr ein Erziehungsverhalten aus, das von «Vater» wie «Mutter» gleichermaßen ausgeht. In den Jungen sieht man schnell den «kleinen Mann», der auf den «großen Mann» hin ausgerichtet wird. Man nimmt die Jungen nicht im Hier und Jetzt an, sondern richtet Erziehungsziele auf eine imaginäre Zukunft aus. So werden widersprüchliche Erfahrungen erzeugt, die die Jungen hin und her reißen. Einerseits ist nur ein trotziger Junge ein «richtiger» Junge, andererseits klagt man über dessen unsoziale Verhaltensweisen; einerseits passen schmutzige Hosen zum jungenhaften Draufgängertum, andererseits stöhnt man über die Ordnungsprobleme und die Regelverstöße der «kleinen Schlitzohren», einerseits schätzt man einen harten Jungen, der seine Interessen durchsetzt, andererseits klagt man über dessen Rücksichtslosigkeit, einerseits kritisiert man Jungen, die keine Gefühle zeigen, andererseits hat man Angst, sie würden das Leben nicht meistern, zeigten sie zu viel Emotionen.

Widersprüchliche Erwartungshaltungen können dazu führen, dass Jungen einen Mangel an Selbstvertrauen, ihre Unsicherheit und Ängstlichkeit hinter einer Fassade, einem Gemenge aus Action, Körperbetonung, Kraftprotzerei und Prahlerei verstecken. Dies mag auch ein Grund sein, warum sich Jungen so gerne Geschlechtsgenossen zum Spielen suchen. Das Gruppengefühl stiftet Gemeinsamkeit, schafft Zugehörigkeit, grenzt andere aus – insbesondere Mädchen. So vergewissern sich Jungen einer Identität – auch auf die Gefahr hin, dass ihnen dadurch ein vielschichtiges Bild von Männlichkeit entgeht.

Von Machos und Paschas

«Die absolute Horrorvorstellung für mich», so Adelheid Müller, Mutter zweier Söhne, acht und dreizehn Jahre alt, «ist, wenn sie sich wie Machos benehmen. Da drehe ich durch. Ich gebe mir Mühe, will Achtung und Respekt vor Frauen erreichen. Und die reißen einen blöden Spruch nach dem anderen. Ich weiß, die meinen es nicht so! Das ist ein richtiger Machtkampf! Aber ich kann's nicht ändern, weil ich das nicht mehr hören kann. Manchmal möchte ich sie auf den Mond schießen ...»

Robert Münzer, Vater von Niklas, 18 Jahre alt, hat andere Sorgen. «Ich fürchte, der zieht nie aus. Der hockt da rum, lässt sich von vorne und hinten bedienen. Ein richtiger Pascha! Wenn ich mir vorstelle, der bleibt für immer bei uns. Ich dreh durch! Aber rausschmeißen kann man ihn ja auch nicht!»

Renate Schulz, Mutter zweier pubertierender Söhne, berichtet von ihren Nöten: «Die sind zurzeit nur auf Achse, haben nur noch Mist im Kopf. Ich habe sie schon zweimal von der Polizei abgeholt, weil sie Randale gemacht haben. Dann diese Computerspiele, diese fürchterliche Ballerei, die sie mögen! Ich seh sie schon auf der Anklagebank und den Richter fragen, wer sie erzogen habe. Und ich bin natürlich die Schuldige!»

Eltern wollen natürlich *keinen* Pascha, *keinen* Langzeitmieter im «Hotel Mama und Papa», *keinen* frauenverachtenden Rambo und *keinen* Gewalt verherrlichenden Macho. Diese Furcht erregenden Zerrbilder spiegeln in der Regel nicht die Realität, sie stellen vielmehr Projektionen dar: Aus dem Verhalten eines Jungen in der Gegenwart wird auf seine Persönlichkeit in der Zukunft geschlossen. Doch Jungen gehen niemals den geraden Weg. Die Entwicklung stellt sich erst aus der Rückschau als eine kontinuierliche Aufwärtsbewegung dar, sie ist geprägt durch Sackgassen und Umwege, die die Eltern zur Verzweiflung treiben. Jungen müssen Umwege gehen, weil diese die Ortskenntnis, sprich die Menschenkenntnis, erweitern. Macho- und Paschatum sind nicht durch Verleugnung und Verbote aus der Welt zu schaffen. Erst wenn ein Junge weiß, dass er diese Anteile in sich hat, kann er sie auch überwinden.

Eltern wie Jungen müssen sich mit allen Persönlichkeitselementen – auch den nicht gewünschten und denen, die es zu überwinden gilt – auseinander setzen. Eingeengte Vorstellungen von Männlichkeit, wonach Jungen eben bewegungs- und körperorientierter, robuster und kräftiger seien, kann man nur durch eine Persönlichkeitsbildung überwinden, die alle Facetten der Entwicklung bei Jungen berücksichtigt. Wer bestimmte Anteile aus der Jungenerziehung (Aggression, Angst) ausblendet, darf sich nicht wundern, wenn sie im Untergrund (selbst)-zerstörerisch weiterwirken und der Entfaltung einer selbstbewussten Persönlichkeit entgegenstehen.

Indem man vereinfachte Bilder davon, wie Jungen zu sein haben, ständig wiederholt, verstärkt man ebendiese Bilder. Zuschreibungen – «Ein Junge weint nicht!» «Ein Junge wehrt sich!» «Ein Junge zeigt keine Gefühle!» – entfalten ein Eigenleben. Irgendwann werden sie zur Realität, gerinnen zu Glaubenssätzen, die auch Jungen verinnerlichen.

«Ich wollte», so erzählt die Mutter von drei fast erwachsenen Söhnen, «nicht meine schlechten Erfahrungen, die ich mit meinen Brüdern machte, auf meine Jungen übertragen. Deshalb sollten sie eben anders werden, friedlicher, sanfter, verantwortungsbewusster, höflicher zu Frauen usw., usw. Und erst spät habe ich gemerkt, wie meine Wünsche und Phantasien mich behindert haben, meine Jungen so anzunehmen, wie sie sind. Die mussten mit mir viel aushalten. Aber ich eben auch, weil ich mir bei allen Erziehungsproblemen sofort den Schuh angezogen, mich als Schuldige abgestempelt habe!»

Ihm wäre es ähnlich ergangen, fährt Ronald Reimers, Vater zweier pubertierender Jungen, fort: «Ich wollte es anders machen, ein ganz anderer Vater sein, als ich es selbst erlebt habe bei meinem. Ich wollte es alles anders machen, weil ich meinen Kindern ein Modell von Mann vorleben wollte, der offen ist, der für sie da ist, der Gefühle zeigt. Aber sie haben dagegen revoltiert, manchmal den harten Hund aus mir rausgekitzelt. Mir ging es schlecht damit, weil ich ja so nicht sein wollte!»

Jungen brauchen Orientierung

Viele Eltern beziehen Erziehungsprobleme, die bei Jungen auftreten, auf sich, sehen sich als Schuldige, als Versager. Sie vergleichen sich mit anderen Eltern, bei denen es vermeintlich besser und reibungsloser läuft. Und sie vergleichen ihre Söhne mit anderen und seufzen verzweifelt: «Warum kann mein Junge nicht auch so freundlich und hilfsbereit sein!» Aus solchen Einstellungen resultieren Ungeduld, Machtkämpfe, gegenseitige Schuldzuweisungen und ungerechte Vorwürfe. Probleme in den Beziehungen zwischen Eltern und Söhnen sind normal, weil sie sich ständig verändern und weiterentwickeln. Die damit einhergehenden Krisen sind für Eltern eine Chance, in eine neue partnerschaftliche Beziehung zu den heranwachsenden Jungen zu treten, eine Beziehung, die nicht auf Macht, Kontrolle und Manipulation aufbaut, sondern von gegenseitigem Respekt und gegenseitiger Achtung geprägt ist. Eltern können Vorbilder sein, wenn sie ihren Jungen vier Prinzipien vorleben:

- Ich nehme dich so an, wie du bist!
- Ich nehme mich so an, wie ich bin!
- Ich bin nicht für dein Handeln verantwortlich, du bist es für dich!
- Ich bin für mich und mein Handeln verantwortlich, du nicht für mich!

Diese Grundsätze gründen auf einer Spannung von Loslassen und Haltgeben, von Distanz und Nähe, von Ablösung und Begleitung. So hat der Junge das Recht auf eine individuelle Entwicklung. Auch Eltern müssen ihre Jungen loslassen. Nur wer sich aus den Augen verliert, kann sich neu finden. Loslassen und Ablösung sind mit wachsenden Freiheiten für die Jungen verbunden. Doch gehört zur Freiheit, Verantwortung für das eigene Handeln zu übernehmen, mit den Folgen von Aktivitäten und Taten konfrontiert zu werden. Freiheit und Verantwortung gehören untrennbar zusammen. Freiheit ohne Verantwortung endet im Chaos und lässt überdies nicht zu, dass sich eine autonome Jungenpersönlichkeit ausbildet.

Aber es gibt keine Entwicklung ohne Risiko, ohne Um- und Irrwege. Es bleiben Restrisiken, die selbst positive Rahmenbedingungen durch Elternhaus, Schule, Kindergarten und andere Institutionen nicht völlig ausschließen können. Doch kann man sehr wohl die Bedingungen formulieren, die Jungen die notwendige Orientierung vermitteln:

- eine haltgebende Um- und Mitwelt, die Interesse am Jungen, seinen Bedürfnissen und Neigungen signalisiert;
- feste Bezugspersonen, die ihr Verhalten durchsichtig machen und die das verlässlich vorleben, was sie ausdrücken und meinen;
- Bezugspersonen, die den Jungen achten und respektieren und zugleich Achtung und Respekt einfordern;
- Bezugspersonen, deren Handeln von Verlässlichkeit und Vorhersagbarkeit geprägt sind und sich nicht negativ durch Strafe und Willkür auszeichnen und damit die Persönlichkeit des Jungen missachten.

Von kleinen und großen Unterschieden und solchen, die es gar nicht gibt

Befragt man Eltern über typische Merkmale von Jungen, finden sich Eigenschaftsworte wie aktiv, aggressiv, leistungsorientiert, grob, mutig, rational, selbständig, selbstsicher oder stark.

Mädchen werden hingegen als ängstlich, emotional, freundlich, sozial aktiv, schwach, unselbständig oder passiv charakterisiert.

Auch wenn polare Gegenüberstellungen unsinnig, verfälschend und verzerrend sind, besitzen Menschen doch sowohl «männliche» als auch «weibliche» Persönlichkeitsanteile – und diese Zuschreibungen prägen auch Sicht- und Handlungsweisen.

«Mädchen und Jungen sind doch unterschiedlich», meint ein Vater auf einem Elternseminar. «Da führt doch nun mal kein Weg daran vorbei!» Und er erntet dafür Zustimmung – nicht allein von Männern. Von Geburt an, mithin schon im Baby- und Säuglingsalter, findet eine Trennung der Geschlechter statt. Und wäre es nicht ignorant, würde man die geschlechtsspezifischen Unterschiede einfach leugnen? Das Geschlecht ist zunächst einmal durch die unterschiedlich verteilten Chromosomen bestimmt. Daraus ergeben sich die anatomischen wie physiologischen Differenzen bei Jungen und Mädchen.

Vera Schuster sieht noch weiter gehende Unterschiede. «Wenn ich meinen Sohn, der ist sieben, vergleiche mit seiner Schwester, die wird jetzt fünf: Luzie hat früher geredet, ist insgesamt weiter als Robert. Aber der ist burschikoser, schlägt auch mal zu, er ist ständig im Garten unterwegs, während die Luzie mehr rumsitzt, ganz mit sich zufrieden.»

Als die Mutter diese Vergleiche anstellt, erntet sie von vielen Eltern Unterstützung, manche allerdings widersprechen ihr, weil sie komplett andere Erfahrungen gemacht haben.

Die differierenden Beobachtungen spiegeln wider, was die Wissenschaft in vielen Untersuchungen bestätigt hat: Zwar zeichnen sich Mädchen durch bessere sprachliche Fähigkeiten aus, zwar verfügen Jungen über komplexere visuell-räumliche Kompetenzen, haben höhere Werte in mathematischen Fähigkeiten, neigen stärker zu nach außen gerichteten Aggressionen, doch sind die Unterschiede bei intellektuellen Fähigkeiten und Persönlichkeitsmerkmalen längst nicht so eindeutig und klar verteilt wie bei den anatomischen Unterschieden. Es ist schlichtweg fahrlässig, von einem «typischen Jungenverhalten» zu reden. Aber Zuschreibungen bestimmen die Sichtweise auf die Geschlechter und prägen pädagogisches Handeln.

Dies wird deutlich, wenn es darum geht, die emotionalen und sozialen Fähigkeiten von Jungen und Mädchen zu bewerten. Fürsorglichkeit, soziales Interesse, Furcht oder Schüchternheit binden sich eben nicht – wie man es im Alltag vorschnell tut – an das weibliche Geschlecht, stellen gar «typische Mädcheneigenschaften» dar. Hier haben zahlreiche Forschungen überhaupt keine Unterschiede zwischen den Geschlechtern ausgemacht. Wenn also ständig davon geredet wird, dass Männer stärker an Beruf und Öffentlichkeit, den außerfamiliären Angelegenheiten interessiert seien – mithin als männlich geltende Eigenschaften –, Frauen demgegenüber auf Haushalt und Familie verwiesen sind, so sind derartige Differenzierungen gewiss nicht nur biologisch bestimmt, sondern auch das Ergebnis von sozialer Zuordnung, das Resultat ideologischer Verklärung.

Biologische Unterschiede, die die Anatomie und Physiologie bestimmen, sind eben kein Schicksal. Auch wenn man sie nicht verändern kann, sind sie beeinflussbar. Für die Erziehung von Jungen bedeutet das: Sie müssen sich annehmen lernen und dem männlichen Geschlecht zugehörig fühlen. Sie müssen lernen, sich vom «Männlichkeitszwang» zu befreien und geschlechtstypische Zuschreibungen («Ein Junge ist stark!», «Ein Indianer weint nicht!») souverän zu handhaben («Ich darf schwach sein und weinen und bin doch ein starker Junge!»). Eltern, Lehrer und Erzieherinnen sollten wissen: Dies ist kein kontinuierlicher Prozess, er dauert lange, reicht bis in die Pubertät hinein und ist von ständigen Brüchen und Rückschritten begleitet. Nur wenn Jungen eine Geschlechtskonstanz ausgebildet, die Phase von einseitigen und egozentrischen Klischees überwunden haben («Mädchen sind doof!», «Sie sind zickig!», «Jungen spielen nicht mit Puppen!», «Jungen kämpfen!», «Jungen sind böse und frech!»), kann man die Geschlechterrolle differenzieren und alle Anteile leben, die damit zusammenhängen.

Biologie ist kein Schicksal

Es wird zu schnell von *geschlechtsspezifischem* Verhalten geredet. So bewertet man Verhalten und Handeln ausschließlich unter Geschlechtskriterien («Jungen kämpfen mehr!», «Jungen stören mehr!», «Mädchen sind sozial interessierter!»). Und weitere Beobachtungen beweisen dann – ganz im Sinne einer sich selbst erfüllenden Prophezeiung –, was man zugeschrieben hat. In einem nächsten Schritt richtet man dann seine pädagogischen Handlungsmuster darauf aus: Wenn Jungen mehr kämpfen, lässt man ihnen auch Raum und Zeit, um sich auszutoben und auszuleben. Wenn sich Jungen mehr an Grenzen reiben, dann ist man nachsichtiger bei Grenzüberschreitungen, wenn sich Mädchen sozial interessierter zeigen, dann bürdet man ihnen eben vorzeitiger entsprechende Verantwortung auf.

Es kommt darauf an, zwischen *geschlechtsspezifisch* und *geschlechtstypisch* (oder auch geschlechtsgebunden) zu unterscheiden. Geschlechts*spezifische* Merkmale kommen nur bei einem Geschlecht vor und reduzieren sich auf wenige (z. B. Fortpflanzungsorgane, Körperbau) Merkmale. Geschlechts*typische* bzw. *-gebundene* Eigenschaften kommen bei einem Geschlecht häufiger vor als beim anderen. Um es an einem Beispiel zu verdeutlichen: Mädchen lernen eher und differenzierter zu sprechen als Jungen. Hier unterscheiden sich die Geschlechter. Dies schließt nicht aus, dass es auch Jungen gibt, die fixer und komplexer als Mädchen reden können. Doch bei den sprachlichen Fähigkeiten sind die Unterschiede zwischen den Geschlechtern, also zwischen Jungen und Mädchen, deutlicher ausgeprägt als innerhalb der Geschlechter.

Geschlechtsspezifische Zuschreibungen fangen im Kopf an und wirken sich auf pädagogische Handlungsmuster aus – nach dem Motto: Ein Junge ist ein Junge! Wenn durch geschlechtstypische Beschreibungen (eben nicht Zuschreibungen) der Blick geöffnet wird auf das, was Jungen (und Mädchen) auch sind und sein können, dann kann man Jungen ganzheitlicher fördern.

Wenn die Hormone Tango tanzen

Britta Jonas berichtet von Erfahrungen mit ihrem fünfjährigen Sohn Tillmann. «Unser Sohn war mit eineinhalb Jahren richtig schüchtern, ein zurückhaltendes Kind. Der hatte Angst, wirklich, vor jedem Neuen hatte er Angst. Der hing an meinem Rockzipfel, ließ mich nicht los. Wie eine Klette!» Das habe sie nicht ausgehalten, manchmal sogar ärgerlich gemacht. «Heute wünsche ich mir die Zeit herbei, als er noch so kuschelig war. Nun ist er rotzfrech, trotzig, fordert mich heraus, überschreitet ständig Grenzen, reizt mich.» Sie frage sich manchmal, ob Tillmann mit seinen fünf Jahren schon in der Pubertät sein könne. «Der benimmt sich wie ein Halbstarker!» Sie wirkt nachdenklich: «Wie das wohl in ein paar Jahren sein wird?»

«Mein achtjähriger Anton», erzählt seine Mutter, Lilo Hubertus, «fordert und fordert. Der stellt sich vor den Spiegel, lässt die Muskeln spielen, und dann höre ich ihn sagen: ‹Ich bin der Stärkste!› Dabei haben wir, mein Mann und ich, uns bemüht, dass er nicht stark sein muss, um ein Junge zu sein. Nun das! Es ist kaum zu glauben!» Bis vor einem Jahr habe sie noch mit ihm gerangelt und gerauft, aber das wolle er nun nicht mehr. ««Mit

Frauen kämpfe ich nicht›, hat er mir neulich gesagt. ‹Du tobst doch nur mit mir, weil du das irgendwo gelesen hast. Mit Papa kämpfen, das ist viel echter, viel brutaler. Du kämpfst nur mit dem Kopf, Mama.›» Sie blickt ernst drein: «Und dann die frauenfeindlichen Sprüche gegenüber seiner etwas älteren Schwester: Tusse, Zicke, das sind noch die harmlosen Ausdrücke!» Sie wirkt richtig verzweifelt. «Ich versteh das nicht! Woher hat er das bloß? Von uns bestimmt nicht! Und wir passen auf, was er im Fernsehen und in der Werbung sieht!»

Jochen Voigt, Vater von zwei Jungen und einem Mädchen im Grundschulalter, erzählt: «Also, Arne und Michael fordern mich wesentlich mehr als Claudia. Sie sind schon immer kräftiger gewesen. Wenn ich meiner Tochter mal gesagt hab, wo es langgeht, gab es auch mal die eine oder andere Widerrede, aber sie hat dann eher gehorcht. Ich musste mir nicht den Mund fusselig reden. Meine Söhne provozieren mich mehr, wollen klare Anleitungen. Ich muss da mehr den Chef raushängen, komme mir manchmal vor wie ein Dompteur. Mit Claudia konnte man sich hinsetzen, ein Brettspiel machen, Halma, Mensch ärgere dich nicht … Arne und Michael brauchen Bewegung, die wollen sich ständig mit mir messen. Die versuchen ununterbrochen, die festgelegten Regeln zu überschreiten, um zu sehen, was passiert. Wenn man bei denen nicht aufpasst, entsteht schnell Chaos.»

Diese Beobachtungen weisen auf eine Eltern und professionellen Pädagogen oft unbekannte Tatsache hin, die für die unterschiedliche Entwicklung der Geschlechter von Bedeutung ist: die Auswirkungen des Hormons Testosteron. Um nicht missverstanden zu werden: Man kann nun nicht alle produktiven wie zerstörerischen, sozialen wie brutalen Verhaltensweisen von Jungen mit Testosteronschüben entschuldigen. Doch wäre es auch unzulässig, die Energie solcher Hormonproduktionen auszublenden, gar nicht wahrhaben zu wollen. Testosteron und seine Bedeutung für die Entwicklung der Jungen ist kein Schicksal, die Hormonproduktion lässt sich durch eine ebenso einfühlsame wie klare und konsequente Erziehung begleiten.

Jungen werden zwar als Jungen geboren, aber bis zur achten Schwangerschaftswoche existieren sie als Zwitter. Erst dann gelangt das Y-Chromosom hinzu. Jetzt entwickeln sich männliche Geschlechtsmerkmale (Penis, Hoden) – eben ausgelöst durch Testosteron, das von nun an auch in den Hoden produziert wird. Ein neugeborener Säugling hat so viel Testosteron im Blut wie ein vorpubertierender Jüngling. Die Folgen sind unter anderem, dass bei männlichen Babys Erektionen auftreten. Erst im Laufe der ersten Lebensmonate normalisiert sich der Testosteronspiegel. Das Hormon spielt bis zum dritten Lebensjahr nicht mehr die entscheidende Rolle, sodass es auch keine signifikanten, auffallenden Unterschiede im Handeln von Mädchen und Jungen gibt. Wenn sich solche zeigen, hat das mehr mit dem Temperament, den Charaktereigenschaften und den subjektiven Zuschreibungen durch Erwachsene zu tun als mit objektiv messbaren Geschlechtsunterschieden.

Jungen wie Mädchen fremdeln, reagieren schüchtern, entwickeln Trennungsängste, klammern, brauchen Halt, haben «Ängste». Erst vom 36. Lebensmonat an lässt sich beobachten, wie der Testosteronspiegel wieder ansteigt. Das wirkt sich auf das Verhalten und das Handeln vieler Jungen (nicht aller wohlgemerkt!) aus: Sie werden körperlich aktiv, testen Grenzen aus, treten in Machtkämpfe mit ihren Eltern ein, gebärden sich wie kleine «Halbstarke».

Die Trotzphase als erste Pubertät

Man kann den Eindruck gewinnen, als befänden sich die Jungen in einer Phase, die man später Pubertät nennt. So kann man denn das Trotzalter als eine Art allererste Pubertät bezeichnen. Jungen begehren auf, grenzen sich ab, revoltieren, wollen Mitspracherechte, wirken gefühlsmäßig unausgeglichen, suchen die Auseinandersetzung mit ihren Eltern. Viele Eltern berichten von einer interessanten Beobachtung. Je heftiger die Konfrontationen in dieser frühen Pubertät sich gestalten, umso gemäßigter fallen die Kämpfe in der Zeit zwischen dem 11. und 15. Lebensjahr aus. Andere Eltern machen die entgegengesetzte Beobachtung: Je harmonischer die Eltern-Jungen-Beziehung in den Jahren zwischen vier bis sechs, desto heftiger gestalten sich dann die Auseinandersetzungen in den Jahren der Pubertät. Diese Beobachtungen sind streng wissenschaftlich nicht untermauert, können aber als durch alltägliche Erfahrungen abgesicherte Faustregel gelten.

Auch wenn sich die Testosteronproduktion um das sechste Lebensjahr herum normalisiert, dominieren bei Jungen körperliche Aktivitäten. Sie grenzen sich von Mädchen vehement ab, Rollenstereotype dominieren. Jungen definieren sich über Bewegung, das Handeln, den Kampf und die gleichgeschlechtliche Peergroup. «Männlichkeit» ist angesagt. Eine Differenzierung der Geschlechterrollen scheint in dieser Phase nahezu unmöglich. Sie stößt auf Blockaden und Widerstände der Jungen.

Zwischen dem 11. und 13. Lebensjahr kommt es zu einem vehementen Anstieg des Testosterons. Der Junge tritt in die Pubertät ein, mit der enorme Wachstums- und Energieschübe verbunden sind. In dieser Phase beeinflusst Testosteron das Muskelwachstum, den Körperbau und den Wunsch vieler Jungen nach Bewegung, Dynamik, nach Sportarten, die mit Kräftemessen und Wettbewerb zu tun haben. Es fällt auf, dass Jungen großräumige Spiele lieben, die nach festgelegten Regeln verlaufen und eine durchaus hierarchische Struktur aufweisen. Für Jungen ist die Reibung an Regeln normal, sie testen aus, sie überprüfen, was passiert, wenn sie Regeln übertreten.

Auch wenn es den typischen Jungen oder das charakteristische Mädchen nicht gibt, so weist das Spielverhalten der Jungen, das nach Hierarchie und klarer Anweisung verlangt, auf einen Unterschied im Gehirnaufbau bei Jungen und Mädchen hin. Es ist nicht alles hormonbedingt, was sich an Unterschieden im Verhalten von Jungen und Mädchen zeigt.

Die rechte Gehirnhälfte ist – unabhängig vom Geschlecht – für Gefühle, die Bewegung, das Handeln oder den Gleichgewichtssinn zuständig. Das Sprachzentrum liegt in der linken Gehirnhälfte. Bei Jungen finden sich nun zwei charakteristische Besonderheiten: Die linke Gehirnhälfte bildet sich langsamer heraus – mit allen Konsequenzen für die Sprachentwicklung. Zudem sind die Gehirnhälften weniger verbunden als bei Mädchen, was einer Spezialisierung der Hirnhälften bei Jungen Vorschub leistet. Die bessere Vernetzung der Gehirnhälften hilft beim schnelleren Erlernen der Sprache, Mädchen sind hier den Jungen voraus. Da bei mathematischen Fähigkeiten die rechte Hälfte des Gehirns mehr gefordert ist, hat die Spezialisierung hier ihre Vorteile für den Jungen. Sie verfügen über bessere und komplexere rechnerische Kompetenzen.

Die geringe Verbindung beider Gehirnhälften bringt auch Nachteile mit sich. Da die linke Hälfte, die für Gefühle zuständig ist, sich zögerlicher ausbildet, können Jungen weniger gut über Gefühle reden. Jungen handeln eher, wollen sichtbare Ergebnisse.

Biologische wie neurologische Prozesse beeinflussen somit die Entwicklung der Jungen – doch umgekehrt bestimmen soziale Rahmenbedingungen auch die Hormonproduktion. Eine gewalttätige Erziehung in der Familie führt beispielsweise dazu, dass mehr Testosteron produziert wird, Jungen ständig unter Dampf stehen. Noch ein anderer Aspekt ist zu beachten: Dominante Jungen verfügen über einen höheren Testosteronspiegel. Sie geraten schneller ins Blickfeld von Müttern, Lehrerinnen und Erzieherinnen. Zwar wird häufig über die «bösen Buben» geklagt, gleichzeitig machen sie pädagogische Handlungsabläufe erst spannend.

Hormone und die Aufteilung der Hirnhälften mögen zwar biologisch bestimmt sein, doch ist es zu einfach, sie als Entschuldigung für unsoziale oder menschenverachtende Handlungen anzuführen. Auch Jungen reden über Gefühle, zeigen sich sozial interessiert – man muss sich nur auf sie einlassen, sie dort abholen, wo sie in ihrer Entwicklung stehen.

Jungen sind sexuelle Wesen

Die Sexualität von Jungen ist ein Thema für Mütter: «Als unser Jonas», erzählt Maria Weber, «gerade acht Wochen alt war, sah mein Mann seinen kleinen steifen Penis und fragte, ob das normal sei. Als ich nickte, schmunzelte er, so als wolle er sagen, der fange ja früh an. Als ich Jonas stillte, da grapschte er richtig fest nach meinen Brüsten, so als wolle er demonstrieren, die gehören mir. Mein Mann sah das durchaus widersprüchlich, mal konnte er richtig eifersüchtig auf seinen Sohn sein, dann war er stolz auf ihn. ‹Der wird wohl mal ein richtiger Frauenheld. Der schlägt nach seinem Vater, aber das geht nun wirklich früh los.›»

«Als der Matthias so ein Jahr alt war», erzählt Carola Schneider, «da legte er seine Hände zwischen seine Schenkel, wenn er einschlafen wollte. Ich glaube, er spielte ganz sanft mit seinem Glied. Es schien ihn zu beruhigen, jedenfalls schlief er nach kurzer Zeit ein. Seine Hände blieben aber die ganze Zeit dort.»

Sie habe eine ähnliche Beobachtung gemacht, führt Johanna Mahler, die Mutter des mittlerweile siebenjährigen Stephen, fort. Ihr Sohn habe partout kein Kuscheltier haben wollen. Die flogen sofort aus dem Bett. «Ich dachte schon, er wäre nicht normal. Alle anderen Kinder haben doch so etwas. Nur Stephen ignorierte das. Aber der legte seine Hände auch zwischen seine Schenkel, wenn er einschlafen wollte. Nur bewegte er die kaum. Die lagen einfach nur so zwischen seinen Beinen. Oder er nuckelte ganz intensiv, sein Daumen verschwand geradezu in seinem Mund.»

«Mit dem Nuckeln», meint Petra Weber, «habe ich wohl einen Fehler gemacht. Als Benedikt so drei war, nuckelte er heftig, eigentlich immer! Der Kinderarzt meinte, das wäre für den Kiefer und den Gaumen unvorteilhaft. Also habe ich ihm das abgewöhnt» – sie stöhnt, wirft ihren Blick gen Himmel –, «mit allen Tricks, mit Bestechungen, mit Betteln, mit Drohungen. Irgendwann hat er den Daumen aus dem Mund genommen. Nun hat er seinen Penis entdeckt. Und jetzt macht er damit herum, wenn's ihm zu langweilig ist oder er sich beruhigen will.» Sie lacht: «Ehrlich gesagt, das Nuckeln war mir lieber! Alle gucken nun verschämt weg, wenn Benedikt mal wieder anfängt. Meine Schwiegermutter mag schon gar nicht mehr kommen.»

Hilde Spielmann machte andere Erfahrungen: «Erik hat diese Bedürfnisse anscheinend nicht.» Ob das auch normal sei! Doch etwas anderes mache ihr ernste Probleme: «Erik hält seinen Stuhl zurück. Er lässt los, wann er will. Und das meistens zum falschen Zeitpunkt.» Sie wirkt genervt: «Zack, ist die Windel voll. Dabei ist er doch schon vier.» Er geht einfach nicht aufs Klo, da weigert er sich standhaft. Frech grinsend steht er da mit breiten Beinen. «Ich weiß nicht, ob wir da nicht etwas falsch gemacht haben. Ich habe eben schon sehr früh Wert auf Sauberkeit gelegt.» Druck habe sie zwar bewusst nicht ausgeübt, «aber es war mir eben doch auch wichtig. Das hat er sicherlich gemerkt.»

«Ich dachte, Tobias wäre sauber», ergänzt Herta Weber, Mutter zweier Söhne, vier und knapp ein Jahr alt. «Unser Markus, der Ältere, ging wie selbstverständlich auf Toilette, der machte das ganz selbstverständlich. Aber seit einem halben Jahr habe ich das Theater. Er will wieder die Windel. Wohl für sein großes Geschäft, er will gepudert und eingerieben werden. Das ist vielleicht ein Zirkus! Wenn man denkt, man ist durch, dann fängt alles wieder von vorne an!»

Jungen sind – wie Mädchen auch – sexuelle Wesen. Sie kommen mit einem Körper auf die Welt, den sie erkunden und erforschen. Begreifen geht über Greifen, Erfassen geht über das Fassen – diese Grundsätze gelten eben nicht nur für das spielerische Erfahren von Realität, diese beiden Grundsätze treffen auch auf die Sexualität zu. Wenn sich ein Junge körperlich angenommen fühlt, kann er auch seinen Körper annehmen, wenn ein Junge liebkost wird, kann er sich liebkosen. Doch auch die Kehrseite gilt: Je weniger sich ein Junge geborgen fühlt, umso unterentwickelter ist sein Verhältnis zum Körper; je weniger er wertgeschätzt wird, umso weniger gut kann sich eine positive Beziehung zum Körper entwickeln.

Körper- und Selbstbewusstsein gehen Hand in Hand. Nur ein Junge, der sich seines Körpers bewusst und sicher ist, der ihn akzeptiert und mag, kann Selbstbewusstsein ausbilden – mens sana in corpore sane, das wussten schon die Lateiner. Doch Körperbewusstsein ohne Selbstbewusstsein verkommt zur puren Machtdemonstration, stellt ein zerbrechliches Gebilde dar, das sich ständig seiner physischen Omnipotenz versichern muss. Aber auch selbstbewusste Jungen, die sich ihres Körpers nicht bewusst sind, wirken fragil und unsicher. Sie schwanken wie ein Rohr im Winde.

Die fünf Phasen

In den ersten Lebensjahren lassen sich fünf Phasen in der sexuellen Entwicklung von Jungen unterscheiden.

90

In der vorgeburtlichen Phase, etwa vom zweiten Schwangerschaftsmonat an, bilden sich die Geschlechtsorgane aus. Jungen können – bedingt durch das Männlichkeitshormon Testosteron – Erektionen bekommen, sie spielen am Glied, sie nuckeln. Die zweite Phase ist die nachgeburtliche und umfasst die ersten Lebensmonate und -jahre. Natürlich ist den Jungen in dieser Zeit der sexuelle Gehalt ihrer Aktivitäten nicht bewusst. Aber es fällt auf: Wenn etwa die schwangere Frau in Stresssituationen gerät, dann beruhigt sich das ungeborene Kind über das Spielen mit seinem Geschlechtsorgan. Oder wenn es dem Jungen zu langweilig wird, stimuliert er sich, indem er sich zwischen die Schenkel greift.

In dieser nachgeburtlichen Phase sind Erektionen möglich, die, sowie sich die Testosteronproduktion normalisiert, wieder seltener werden. Nun werden der Saug- und der Greifreflex wichtig. Mit dem Greifen holt sich der Junge Nähe, mit dem Saugen die Nahrung. Nähe und Nahrung gewährleisten das Überleben. Der Junge hält sich, um Orientierung zu spüren und um nicht zu fallen. Während sich der Junge festhält – an Brüsten, Haaren, am Pullover –, unterstützt die Mutter ihn, indem sie ihn unterhält: die eine Hand unter dem Po, die andere stützt den Kopf.

Der Mund ist ein zentrales Organ. Man nennt diese frühe Phase der sexuellen Entwicklung auch die orale (mündliche) Phase. Der Mund dient der genussvollen Nahrungsaufnahme, mit dem Mund wird die Welt ausgekundschaftet. Alles wird in den Mund gesteckt – kleinere und größere Gegenstände. Damit bekommen sie zugleich unverwechselbare Gerüche – umhüllt der Junge die Dinge doch mit seinem ganz eigenen Speichel. Dies gilt insbesondere für die Kuscheltiere, die in den Mund wandern, mit den Zähnen zerkaut und zerknabbert werden. Diese Objekte dienen der Beruhigung, begleiten den Jungen in Phasen des Übergangs: vom Tag in die Nacht, von der Spannung in die Ausgeglichenheit, von der Langeweile in die selbstbestimmte Aktion. Statt des Kuscheltieres können natürlich auch Schnuller und Daumen dem Jungen Sicherheit und Verlässlichkeit geben.

Wer das Nuckeln, das Daumenlutschen oder das Schnullern nur als Unart, als «Macke» des Jungen abtut, die man so schnell wie möglich überwinden sollte, der übersieht, dass dahinter fundamentale Sehnsüchte und Bedürfnisse stehen. Wer Jungen also jenen Halt nimmt, den sie sich über ihre Oralität holen, darf sich nicht wundern, wenn sie diesen Entzug kompensieren. Aus dem Nuckeln kann die Selbstbefriedigung, aus dem Daumenlutschen der fatale Reflex werden, orale Bedürfnisse durch unkontrolliertes Essen von Süßigkeiten, Keksen und Kuchen zu befriedigen.

Wer Jungen also «schlechte Angewohnheiten» abgewöhnen will, muss diese Zusammenhänge berücksichtigen, sonst kommt man schnell vom Regen in die Traufe.

Eine dritte Phase in der sexuellen Entwicklung bildet sich mit Beginn der Sauberkeits- bzw. Reinlichkeitserziehung aus. Der Junge wird sich seiner körperlichen Kraft und Macht bewusst. Er erfährt, wie er seine Muskeln einsetzen und gebrauchen kann. Dies ist die destruktive Seite des Greif- und Saugreflexes: Diente das Greifen zunächst dazu, sich Halt zu verschaffen, so kann daraus nun das Schlagen, Boxen und Kratzen werden. So setzen Jungen ein erstes Zeichen, sich mit unpassenden Mitteln Grenzen zu verschaffen. Ähnliches gilt für das Saugen: War es anfänglich zur Nahrungsaufnahme wichtig, so kann der Mund nun – die ersten Zähne sind da – zur schmerzhaften Kontaktaufnahme Verwendung finden. Aus dem Saugen wird das Beißen, mit dem der Junge – wenn auch sozial nicht verträglich und unerwünscht – unmissverständlich sein Nein artikuliert.

Der Junge lernt allmählich, seinen Körper zu beherrschen: Er geht, klettert, läuft, kann zu- und anpacken, kann die Muskeln an- und entspannen. Das betrifft nicht nur die Arme, Hände und die Beine, das trifft gleichermaßen auf die Schließmuskeln zu. Vater und Mutter wollen, dass diese zu bestimmten, zu einem von ihnen gewünschten Zeitpunkt geöffnet werden. Doch der Junge ist eben nicht nur willfährig, gehorsam, brav, er lässt – ganz David im Kampf gegen Goliath – dann los, wann er es möchte. Der Junge wird sich seiner körperlichen Kraft bewusst, aber er muss lernen, damit umzugehen, er muss lernen, seine Kräfte zu kultivieren. Die Aufgabe von Vater wie Mutter besteht darin, ihn zu begleiten.

Die Zeit, in der sich Jungen ihrer Macht und Kraft bewusst werden, schließt auch die Schimpfwörter, Kraftausdrücke, Schießspiele und das Aktionsspielzeug ein. Jungen lieben Helden, die Grenzen überschreiten. Den Eltern treibt das die Schweißperlen auf die Stirn, wenn die lieben Kleinen unleidlich sind, mit allen möglichen Gegenständen ein Gewehr assoziieren, rülpsen, furzen, «Scheiße» schreien – und dies am liebsten in den Momenten, an denen es überhaupt nicht passt.

Sauberkeitserziehung hat mit Widersprüchen zu tun. Die Macht, mit der sie – notwendigerweise – durchgesetzt wird, stellt Jungen auch Machtmittel zur Verfügung – sprachlich wie körperlich. Letztlich entscheidet er, wann er loslässt. Doch hält das Kind nicht nur zurück, um Macht zu demonstrieren, es spielt auch mit dem zurückgehaltenen Stuhl im Darm. Dies verschafft angenehme Gefühle und kann als eine autoerotische Aktivität betrachtet werden. Die einen spielen mit ihrem Stuhl im Darm, die anderen, wenn er losgelassen im Topf liegt. Empfinden doch manche Jungen ihren Stuhl als «erste Schöpfung» und verwenden dies als Material, mit dem man matschen und schmieren kann. Begreifen geht über Greifen – das gilt eben nicht nur für die «schönen» Sachen.

Sauberkeitserziehung ist keine rein körperliche Angelegenheit, sie umfasst psychische Momente. Manche Jungen spielen zwar den David, der sich gegen den Goliath auflehnt, der sich Größenphantasien hingibt und meint, schon alles zu können – wie Hänschen klein, der sich allein in die weite Welt hineinbegibt. Doch Hänschen ist eben auch noch klein, braucht Hilfe und Unterstützung, wenn er sich allein fühlt. In jedem großen David ist mithin auch ein kleiner David, der beschützt, der gehalten werden will, wenn die Stürme der Zeit toben. Mit der Erziehung zur Sauberkeit sind nicht nur Gefühle von Mächtigkeit und Allmacht verbunden, sondern auch von Ohnmacht, Ausgeliefertsein und Hilflosigkeit. Manche Jungen, die längst sauber waren, reagierten mit nächtlichem Einkoten, wenn ein jüngeres Geschwisterkind in die Familie kam. Andere möchten wieder eine Windel anhaben. Der Junge geht entwicklungsmäßig zurück, er regrediert, bemerkt er doch, wie das jüngere Kind durch Hilflosigkeit mütterliche und väterliche Zuwendung und Aufmerksamkeit erhält.

Nun muss es nicht nur die Veränderung der Geschwisterreihe sein, auch andere Ereignisse können genauso verunsichern und auf den Magen schlagen: Umzug, Krankheit und Tod eines Familienmitglieds, Trennung und Scheidung. Der Junge ist in den ersten Lebensjahren weder ein großer Junge noch ein kleiner Mann: Er ist sich seiner (All-)Macht bewusst, genauso wie er klein, zerbrechlich und hilflos ist. Die Erziehung hat beide Anteile zu berücksichtigen, die diese Entwicklungsphase kennzeichnen.

Zwischen dem vierten und fünften Lebensjahr beginnt eine nächste, die vierte Phase im sexuellen Erleben eines Jungen. Er ist körperlich gewachsen, hat eine geschlechtliche Identität ausgebildet – und er beginnt, über sich und die Welt nachzudenken. Er fragt: «Woher komme ich?», oder in die Sprache des Jungen übersetzt: «Mami, wie werden Kinder gemacht?» Er will wissen: «Wohin gehe ich?», in den Worten des Jungen ausgedrückt: «Kannst du sterben, Mama?» Tod und Sexualität gehören zusammen. Sie stehen für ein sich entwickelndes Zeitbewusstsein, für sich ausbildende biographische Zusammenhänge.

«Mami, wie werden Kinder gemacht?»

Elisabeth Schröder erzählt von ihren Erfahrungen mit Roman, der als Dreieinhalbjähriger zu ihr kam. «Mami, wie werden Kinder gemacht?»

«Was meinst du, wie werden sie gemacht?»

«Ich war eine Schneeflocke, und ihr habt mich aufgefangen!»

Die Mutter lächelt noch in der Erinnerung. Denn an diesem Punkt sei es erst interessant geworden.

«Aber das stimmt doch gar nicht», Roman pocht darauf, dass sein Geburtstag gerade gewesen und jetzt Sommer sei. «Mama! Da gibt's keinen Schnee. Wenn ich keine Flocke war, was war ich dann?»

«Was wohl?»

«Eine Schnecke!»

«Wie kommst du denn darauf?»

«Weil Papa sagt, ich bin so langsam wie eine Schnecke!»

Wochen später sei die Sache erst weitergegangen. Roman hatte offensichtlich seinen Großvater gefragt, woher denn Kinder kommen.

«Mama, Opa spinnt!»

«Wieso?»

«Opa hat gesagt, mich hat der Esel im Galopp verloren!»

Als seine Mutter laut loslacht, verbittet sich Roman das.

«Opa spinnt!»

«Wieso denn?», hakt seine Mutter nach.

«Mama, nur Pferde galoppieren, Esel nicht. Und Esel sind blöd. Und von einem blöden Esel will ich nicht sein!»

Zunächst ist Roman mit dem Thema durch. Lange fragt er nicht mehr. Erst kurz vor seinem fünften Geburtstag interessiert er sich erneut dafür, wie er in den Bauch der Mutter gekommen ist.

«Was meinst du, wie?», fragt seine Mutter zurück.

«Ich glaub, Papa hat damit zu tun!»

«Wie meinst du das?»

«Sonst wär er doch nicht mein Papa!» Er denkt nach. «Aber was hat Papa gemacht?»

Elisabeth Schröder erklärt es ihm, aber weil ihr die Worte, vor allem die richtigen, fehlen, so meint sie jedenfalls, holt sie ein Aufklärungsbuch, das den Geschlechtsakt im Aufriss zeigt.

Der Penis liegt in der Scheide der Frau.

Roman reagiert irritiert: «Mama, so bin ich nicht hineingekommen?!»

«Was meinst du?»

«Papas Zipfel ist doch niemals so groß!» Daraufhin wendet sich Roman kopfschüttelnd ab.

Ein paar Tage später hat Roman Caroline eingeladen. Als die Mutter das Kinderzimmer betritt, erschrickt sie. Caroline – bis auf das Höschen ausgezogen – sitzt auf dem nackten Roman.

«Was macht ihr denn da?»

«Wir spielen Papa und Mama!», lautet Romans selbstbewusste Antwort.

«Spinnt ihr?» Die Mutter ist konsterniert.

«Wir spinnen gar nicht. Das macht Spaß!» Roman wirkt völlig ruhig.

«Wieso Spaß?»

«Caroline hat ihre Mama neulich bei ihrem Papa so gesehen, und das hat ihnen Spaß gemacht!»

Dann sieht Roman seine Mutter ganz ernst an: «Und uns macht das auch Spaß. Wir wollen mal heiraten, und dann werden wir im Baumhaus wohnen!»

Mittlerweile ist Roman acht Jahre alt, von Caroline will er nichts mehr wissen – wie von allen anderen Mädchen auch. Aber vor einigen Monaten, so erzählt seine Mutter, sei er zu ihr gekommen und habe gefragt, ob er ein Wunschkind gewesen oder ob er ganz zufällig gezeugt worden wäre. «Ist es gleich beim ersten Mal passiert?», erkundigte er sich neugierig und kroch seiner Mutter auf den Schoß: «Mama, wie bin ich auf die Welt gekommen?»

Die Mutter erklärte ihm: «Wir haben uns ein Kind gewünscht, und du bist gekommen!»

Sie ist sich sicher, dass Roman nicht an Details interessiert war, viel wichtiger war ihm, zu hören, dass seine Eltern sich und ihn mögen.

Fragen von Kindern ergeben sich aus den verschiedensten Motiven heraus: Um das vierte Lebensjahr wächst der Junge seelisch und körperlich. Sein Wissen deckt sich nicht mehr mit seinen neuen Erfahrungen. Der Junge stellt neue Fragen. An die Stelle der magisch-phantastischen Betrachtung von Realität tritt nun eine durch Realismus geprägte. Hierbei kommt es häufig zu Missverständnissen. Eltern antworten auf die realistischen Fragen der Jungen sehr rationalistisch. Sie handeln nach dem Motto: «Bloß nichts Falsches sagen!»

Zur Aufklärung gehören selbstverständlich Klarheit und Deutlichkeit. Bei allem Verständnis für Fragen und Handlungen des Kindes ist die gegenseitige Achtung und das Recht auf körperliche Integrität das oberste Prinzip.

In dem Bestreben, alles genau und perfekt zu machen, lassen sich Eltern häufig nicht auf die Wahrnehmungs- und Erlebnisbesonderheiten ein. Denn gefragt ist nicht unbedingt die sexualwissenschaftlich richtige Antwort, sondern eine wahrhaftige, die sich am gefühls- und verstandesmäßigen Entwicklungsstand ihres Sohnes orientiert.

«Mein Sohn Benjamin, fünf Jahre, hat sich neulich auf mich gelegt. Wir beide waren nackt. Da hat er seinen kleinen Penis zwischen meine Schenkel gedrückt, sich auf und ab bewegt: «Mama, jetzt machen wir ‹ficki ficki!› Ich war geschockt, völlig

hilflos. ‹Geh sofort runter›, hab ich gesagt, ihn richtig runterge-
schubst.»

«Aber Papi macht das auch! Ich darf das nicht!»

Benjamins Mutter empfand diese Situation als heikel, war
verunsichert. «Hat er ja Recht! Aber was sollte ich sagen! Schließlich war ich tatsächlich so bescheuert zu sagen: ‹Das tut man
nicht!›»

Zweifellos gründen Benjamins Phantasien darauf, mit seiner Mutter zu verschmelzen, mit ihr eins zu werden. Solche
Sehnsüchte tauchen zwischen dem dritten und fünften Lebensjahr auf und sind entwicklungsbedingt. Doch bei allem
Verständnis für Benjamin muss die Mutter hier Grenzen setzen.
Als es erneut zu dieser Situation kommt, kann sie souveräner
reagieren. Sie nimmt Benjamin in den Arm und sagt bestimmt:
«Ich möchte nur mit Papa schlafen, ficki machen, wie du es aus-
drückst.»

«Warum?»

«Das ist etwas, was nur uns gehört!»

«Aber dann hast du mich nicht lieb!», jammert Benjamin.

«Ich hab dich sehr lieb. Papa auch. Wir kuscheln viel mit dir.
Du darfst zu uns kommen!» Benjamin schmiegt sich an, wirkt
skeptisch, fragt aber zunächst nicht weiter. Seine Wünsche artikuliert er in den folgenden Wochen noch drei- oder viermal. Die
Mutter bleibt gelassen-konsequent. Eines Abends hört sie, wie
Benjamin im Bett seiner Kuschelpuppe anvertraut: «Mama, die
heirate ich nicht mehr, die ist zu alt. Ich heirate Ulrike, die ist
jünger.» Ulrike ist Benjamins Freundin im Kindergarten, vier
Jahre alt.

Regeln für Aufklärungsgespräche

Für Aufklärungsgespräche bis zum Schulalter kann man einige
Grundsätze formulieren:

1. Es ist wichtig, den Sinn einer Frage zu erkennen. Jungen fragen in der Regel nicht abstrakt, sie sind am Menschen interessiert. Da sind keine sexualwissenschaftlichen Vorträge nötig. Eltern müssen nicht alles, was sie wissen, in ihren Antworten unterbringen. Ein langatmiger Wortschwall verkennt nicht nur den Sinn der Frage, sondern geht meist auch am Erkenntnisstand des Jungen vorbei.

2. Je jünger der Bub, umso konkreter, klarer, knapper und anschaulicher können die Antworten sein. So wichtig es ist, Sachverhalte nicht zu verfälschen, so bedeutsam ist der Mut zur Lücke.

3. Dadurch regt man die Jungen zu weiteren Fragen an. Diese sind umso wahrscheinlicher, je mehr sich der Junge durch die Antworten angesprochen fühlt.

4. In elterlichen Antworten können Rückfragen an die Kinder enthalten sein: «Wie stellst du dir das vor?» «Was meinst du?» Rückfragen können zu Assoziationen und Phantasien führen, die den Erwachsenen zeigen, wo der Junge intellektuell und gefühlsmäßig steht. Jedes Kind hat Vorstellungen, Meinungen, Haltungen, an denen sich Eltern orientieren sollten. Antworten, die nicht im Hier und Jetzt des Jungen anknüpfen, überfordern ihn.

Sex in der Pubertät

Dies gilt insbesondere für die fünfte Phase in der sexuellen Entwicklung: den Abschnitt der Pubertät. Diese Zeit fordert alle Beteiligten. Der Körper des pubertierenden Jungen verändert sich, die sekundären Geschlechtsmerkmale bilden sich aus. Es kommt zu nächtlichen Samenergüssen. Die Ejakulation stellt für Jungen einen wichtigen Einschnitt dar, der mit dem Beginn der Monatsblutung der Mädchen vergleichbar ist. Die Jungen verstehen in dieser Zeit ihre Eltern ebenso wenig wie umgekehrt

Vater und Mutter ihre Jungen wiedererkennen. Sie ziehen sich zurück oder machen mit Gleichaltrigen gemeinsame Sache.

«Mit denen kannst du wenigstens reden», sagt der fünfzehnjährige Heiner. «Die quatschen nicht nur, die hören zu. Und dann kann man über Weiber herziehen und dann so richtig ablachen. Die Eltern machen sich einfach zu viel Sorgen. Dieses ständige Gefrage geht einem gewaltig auf den Keks. Die meinen es ja gut, aber was zu viel ist, ist zu viel!»

«Ich schau mir mit den Freunden Pornofilme an, die sind eigentlich echt Scheiße», erläutert Philip, 14 Jahre. «Aber irgendwie tut's dann auch gut. Weil, mir machen diese Filme auch Angst. Ich bin doch nie so potent wie die Typen in den Filmen. Und so geile Frauen gibt's auch nicht, wenn ich mir die Zicken in der Schule anschaue. Da läuft doch gar nichts, da geht doch aber auch gar nichts ab!»

«Also, wir machen auch schon schweinische Sachen», berichtet Michael, 15 Jahre, grinsend. «Wir saufen erst Bier, dass sich unsere Blase füllt. Und dann machen wir weit pinkeln. Wer am kürzesten pinkelt, der gibt beim nächsten Mal etwas aus.» Bevor er weiterredet, macht er eine Pause. «Manchmal wichsen wir auch um die Wette. Da läuft ein Porno, und ab geht die Post.»

«Neulich», so Tim, 15 Jahre, «wollte meine Mutter mit mir reden, weil ich seit kurzem 'ne Freundin habe. Sie meinte, jetzt müsste sie mich wohl aufklären. Als ob ich mit Anja penne. Da läuft gar nichts. Wir streicheln uns nur. Als wir mal nackt nebeneinander lagen, da habe ich bei mir nichts bemerkt.» Er schüttelt den Kopf. «Und dann fängt meine Mutter von Verhütung an. Aber wie soll man über einen schlappen Schwanz einen Präser stecken.» Er wirkt entrüstet. «Also, die hat wirklich von nichts 'ne Ahnung.»

«Eltern», so kommentiert Björn, 16 Jahre, «wollen alles richtig machen und tun genau das Falsche. Ich will nicht in die Sauna. Wenn, dann nur mit Badehose. Meine Alten lästern oder sagen, ich soll mich nicht so anstellen. Die verstehen nicht, wie's in mir aussieht.»

Will man Jungen während der Pubertät in ihrer sexuellen Entwicklung begleiten, gilt es, einige Grundsätze zu berücksichtigen:

1. Die sexuelle Kultur der pubertierenden Jungen ist von einer Schamlosigkeit geprägt, die Grenzen und Anstand verletzt. Aber bei allem Verständnis für Heranwachsende: Dort, wo Würde, Anstand und Respekt – besonders den Frauen gegenüber – verletzt werden, muss man unmissverständlich Stellung beziehen. Grenzüberschreitungen sind auch Versuche der Pubertierenden, auszutesten, wie weit sie gehen können. Dies betrifft insbesondere die Faszination, die von Pornographie ausgeht. Schlichte Verbote helfen nicht weiter – nur deutliche Botschaften.

2. Eltern müssen die Intimsphäre der Pubertierenden respektieren. Wenn sich Jungen in diesem Entwicklungsabschnitt zurückziehen, wenn sie das Badezimmer abschließen, verbieten, das Kinderzimmer zu betreten, wenn sie sich nicht mehr nackt zeigen, so drückt das keine Prüderie oder Verklemmtheit aus. Jungen fühlen sich unwohl in ihrer Haut, sie empfinden sich als Zombie, weder als Fisch noch als Fleisch, weder als Kind noch als Erwachsener. Pubertierende brauchen Zeit, um sich in ihrer Körperlichkeit, ihrer Sexualität anzunehmen.

3. Wenn sich Pubertierende zurückziehen, die Geborgenheit der Gleichaltrigengruppe suchen, so ist darin kein Vertrauensbruch zu den Eltern zu sehen. Gleichaltrige sind einfach näher an den anstehenden Problemen. Halten Sie sich trotzdem gesprächsbereit! Wenn der Junge etwas wissen will, dann wird er zu Ihnen kommen, um das Gespräch zu suchen.

Antworten Sie klar und deutlich und äußern Sie Ihre Meinung, auch wenn Ihr Sohn damit nicht einverstanden ist!

Selbstbefriedigung

Selbstbefriedigung ist normaler Teil der emotional-sexuellen Entwicklung von Jungen. «Wenn Max von der Schule nach Hause kommt, dann geht's los», erklärt die Mutter. «Beim Essen hat er eine Hand auf dem Tisch, die andere unten. Er spielt mit seinem Glied und schaut ganz verträumt drein. Ich sag dann: ‹Hände auf den Tisch!›» Sie schaut genervt. «Aber kurze Zeit später ist er schon wieder in der Hose. Also, ich halte das nicht aus.» Auch sein Vater hat das beobachtet: «Wenn ich mit Max fernsehe, egal, was da kommt, schwups ist die Hand wieder in der Hose. Da schaut er mit offenem Mund Samson oder den Peter Lustig. Also ein bisschen pervers ist das schon in diesen jungen Jahren!» Selbstbefriedigung kommt häufiger vor, als Eltern meinen, gerade in unbeobachteten Momenten. Das hat zu tun mit der Entdeckung des eigenen Körpers, Jungen drücken so Zuneigung zu sich selbst aus.

Dass die Berührung des Körpers mit lustvollen Momenten verbunden ist, erfährt das Kind eher beiläufig: durch die Reibung der Kleidung, durch das Liegen auf dem Bauch. Manipulationen verstärken dann die Gefühle: Jungen berühren ihren Penis, drücken ihn rhythmisch gegen weiche Unterlagen, legen sich Kissen oder Stofftiere zwischen die Schenkel, um die Gefühle zu intensivieren. Selbstbefriedigung bedeutet Lust, sie bringt keinen körperlichen oder seelischen Schaden mit sich. Sie hat zu tun mit lustvollen Gefühlen, die auf ein «Noch mehr» drängen.

Aufmerksamkeit ist dann geboten, wenn Kinder ihre Geschlechtsorgane gegenseitig erkunden bzw. beginnen, sich gegenseitig sexuell zu stimulieren. Dies gilt insbesondere für jüngere Kinder, die die Folgen ihres Tuns nicht abschätzen können. Doch Aufmerksamkeit bedeutet nicht zwingend Verbot. Dies führt nur zu Verdrängungen und Heimlichkeiten.

Grenzen können nur durch klare Regeln gezogen werden: Sexuelle Doktorspiele müssen von Gleichrangigkeit und Gleichwertigkeit – also nicht ältere Kinder gegen jüngere Kinder, Jungen gegen Mädchen und umgekehrt –, sie müssen von Freiwilligkeit – also keine erzwungene oder erpresste Teilnahme am Spiel – geprägt sein. Doktorspiele dürfen nicht zu Verletzungen führen.

Jungen müssen lernen, dass nicht jede Situation geeignet ist, den Bedürfnissen nach Selbstbefriedigung nachzugehen. Bei allem Verständnis ist der vormittägliche Stuhlkreis im Kindergarten ein zwar subjektiv möglicher, objektiv aber wenig passender Ort für das Ausleben sexueller Gefühle. Dies gilt auch für die sonntägliche Kaffeerunde, wenn die Oma zu Besuch ist. Aufschiebung des Bedürfnisses – nicht: Verbot! – kann in dieser Lage so hilfreich sein wie der Hinweis an den Jungen, sich in eine ruhige Ecke oder in das eigene Zimmer zurückzuziehen. Solche von Verständnis getragenen Hinweise können dem Jungen helfen, Bedürfnisse nach sexueller Stimulation nicht sofort und unmittelbar zu befriedigen, sondern aufzuschieben oder zu verschieben, d. h., sich andere Symbole zu suchen, um Lust zu spüren und auszuleben.

Um die subjektive Bedeutung der Selbstbefriedigung aus der Sicht von Jungen genauer einzuschätzen, ist es durchaus wichtig, Zeitpunkt und Tagesabläufe von Jungen genauer zu beobachten. Viele Kinder leben unter Stress, sie sind ohne eine selbst gestaltete Freizeit in fest verplante Tagesabläufe eingespannt. Permanente Spannungszustände vermögen Jungen auf Dauer nicht auszuhalten. Gibt man ihnen keine Möglichkeit, Spannungszustände zu verringern, fordert der kindliche Körper sein Recht: Der Junge nuckelt, fällt in frühkindliche Verhaltensweisen zurück, will gewickelt werden, er hat übertriebene Zärtlichkeitsbedürfnisse oder er onaniert.

Während der entwicklungsbedingten Selbstbefriedigung kaum mit Sublimationen, also durch die Verlagerung auf andere Objekte, beizukommen ist, gelingt das bei der Selbstbefriedigung als Ausdruck von Entspannung eher. Suchen Sie nach Möglichkeiten, den Stress zu reduzieren. Man kann nach Formen der Entspannung – autogenes Training, Sport, Yoga – suchen, um dem Kind die Gelegenheit zu geben, seine körperlichen Gefühle und Spannungszustände auf vielfältige Weise anzugehen. Wohlgemerkt: Sublimation der Selbstbefriedigung hat nichts mit Verbot zu tun. Vielmehr geht es darum, dem Jungen eine Vielzahl an Techniken anzubieten, die eine alters- und situationsangemessene Form der Entspannung darstellen.

In der Pubertät erkunden die Jungen ihren Körper, befreien sich von sexuellem Druck, ohne sich Unsicherheiten und Peinlichkeiten auszusetzen.

«Ich mach's mir täglich», erläutert Christian, 15 Jahre. «Das ist für mich völlig in Ordnung. Neulich wollte ich mit Kathrin schlafen. Aber da ging gar nichts. Ich kriegte ihn nicht hoch. Das war komplett peinlich. Absolut blöd, weil ich einfach mit ihr schlafen wollte!»

«Ich habe mit dem Handbetrieb auch keine Probleme», lacht Jonathan, 16 Jahre. «Ich hab mal versucht, mit Julia zu schlafen. Aber das tat höllisch weh. Sie war irgendwie nicht feucht. Ihr tat's weh und mir auch. Mensch, hat die Vorhaut geschmerzt. Da ist es schöner, wenn ich's mir selber mache. Da weiß ich, wie weit ich gehen kann!»

Norbert, 16 Jahre, fällt ihm ins Wort. «Da kann ich bestimmen, wann ich komme. Bei meiner Freundin komme ich immer zu früh. Die ist schon richtig sauer und genervt. Und ich erst mal. Denn wenn ich gekommen bin, geht gar nichts mehr.»

Selbstbefriedigung spielt im sexuellen Alltag von Jungen

eine zentrale Rolle. 80 Prozent aller Jungen onanieren bis spätestens zum 15. Lebensjahr. Viele Jungen befriedigen sich mindestens einmal am Tag. Bevor es zu intimen sexuellen Kontakten zu Mädchen kommt, spielt Onanie eine zentrale Rolle, ist mehr als ein Ersatz. Jungen erkunden ihren Körper – in einer selbstbestimmten Atmosphäre. Sie sind Regisseur ihrer sexuellen Inszenierung.

Zur Masturbation gehören Phantasien, die gerade in der Pubertät der Einübung in sexuelle Beziehungen dienen, ohne diese real vollziehen zu müssen und dennoch höchst vergnüglich sind.

Phantasien können allerdings in gewissen Fällen auch Zeichen einer Reifungskrise darstellen und eine divergente Entwicklung von sexuellen und moralischen Kompetenzen ausdrücken.

Eltern, die sich Sorgen machen, sollten wissen: Abweichende sexuelle Verhaltensweisen entstehen nicht durch Masturbation und Pornographie, vielmehr verleiht die Pornographie ihnen einen Ausdruck. Problematische sexuelle Verhaltensweisen können durch Pornographie allerdings verstärkt werden. Eine gefühlshaltige Familienatmosphäre, Freundschaft zu Gleichaltrigen, das Annehmen des Jungen mit all seinen Persönlichkeitsanteilen reduzieren freilich solche Einflüsse. Wichtig ist eine Erziehung, die dem Jungen Verantwortung für sein sexuelles Handeln überträgt.

«Unser Sohn ist schwul!»

«Als Markus so vier oder fünf war», so fängt sein Vater, Thomas Geier, an, «da dachte ich, der ist nicht normal, der ließ sich die Haare lang wachsen. Als er zum Friseur sollte, machte er ein Theater. Der kriegte sich nicht mehr ein. Dann spielte er mit Puppen. Mit Jungenspielsachen hatte er nichts am Hut. Ich sah ihn schon ins Rotlichtmilieu abgleiten. Jetzt ist er zwölf und pfeift Mädchen nach. Nun ist er wieder normal!»

Sonja Brandt berichtet: «Unser Thomas, ein richtiger Rabauke, war elf, da hatte er zwei Freunde. Einmal habe ich heimlich beobachtet, wie die drei zusammen onanierten. Da war ich total fertig!»

«Ich hab schon früh gespürt, dass ich nicht auf Mädchen stehe», erzählt der sechzehnjährige Jakob. «Aber ich hab's mir nicht eingestehen wollen und besonders auf Macho gemacht, obwohl ich das absolut blöd fand. Aber ich wollte nicht als Schwuchtel gelten. Tja, und als ich fünfzehn war, hab ich's meiner Mutter gesagt. Die hat geweint, aber mich in den Arm genommen und gesagt, ich sei ihr Sohn, egal, was passiert ist. Bei meinem Vater, da war es anders. Der ist völlig ausgerastet. Der hat mich zum Psychologen geschickt, damit der mich normal macht. Aber der hat meinen Vater zu sich geholt, damit der normal wird.» Er lacht: «Jetzt verstehen wir uns mittlerweile. Aber so richtig anfassen mag er mich nicht. Vielleicht denkt er, ich stecke ihn an.»

Betrachtet man die sexuellen Vorlieben von Jungen, ist zwischen geschlechtstypischen Erwartungen, die die Eltern und die Umwelt haben, und einer dauerhaften sexuellen Orientierung zu unterscheiden. Da existieren zunächst Phasen, in denen Jungen sich gleichgeschlechtlich ausrichten – etwa, wenn sie im Kindergarten in Banden organisiert sind; im Schulalter, wenn sie unter ihresgleichen sein wollen, oder eben in der Pubertät. Die gleichgeschlechtliche Bindung hat zwei Funktionen: Man grenzt sich nach außen – eben von Mädchen – radikal ab, man solidarisiert sich nach innen, wobei auch hier eine Differenzierung zu beobachten ist: die großen gegen die kleinen, die starken gegen die schwachen Jungen. Jungen, die bestimmten Rollenklischees nicht entsprechen, haben es doppelt schwer: Da sind die gleichaltrigen Jungen, die untypisches Verhalten schnell als «schwul» oder «weibisch» abtun, da sind Eltern, Verwandte und Bekannte, die sich Sorgen machen, verunsichert reagieren, wenn Jungen den Erwartungen nicht entsprechen, wenn sie Kleider tragen wollen, Puppen den Bauklötzen vorziehen oder ihre Haare zu Zöpfen flechten. Diese Jungen geraten schnell in den Verdacht, mit ihnen stimme etwas nicht, sie seien «auf dem Weg zu einem anderen Ufer».

Homosexualität als dauerhafte Veranlagung empfinden Pubertierende vom zwölften Lebensjahr an. Sie stellt eine normale Variante der Sexualität dar. Sie ist ein Teil der sexuellen Ausrichtung des Menschen, die sich aus einem Gemenge genetischer, neurologischer und biologischer Einflüsse zusammensetzt. Umweltfaktoren spielen hierin keine Rolle. Eltern können also in dieser Hinsicht nicht falsch oder richtig handeln.

Würde dieser Umstand mehr ins Bewusstsein rücken, könnte man über schwule Jungen vorbehaltloser und weniger verklemmt-ängstlich reden. Man könnte Eltern die Schuldgefühle nehmen. Man könnte offener auf das Kind zugehen, den schwulen pubertierenden Jungen aus seiner (manchmal) selbst verordneten Isolation befreien, ihm Angst und Unsicherheit nehmen, ihm helfen, zu seiner Sexualität zu stehen. Indem ein Junge das Gefühl erfährt, so angenommen zu sein, wie er ist, kann er lernen, sich auch anzunehmen: selbstbewusst und ohne Scheu.

Schwule Jungen haben es schwer: abgelehnt von gleichaltrigen Heterosexuellen und begleitet von den Eltern, die hin und her gerissen sind zwischen widersprüchlichen Gefühlen. Da ist Verunsicherung, da ist der quälende Gedanke, falsch erzogen zu haben, aber da ist auch die Überzeugung: «Das ist immer noch unser Sohn, egal, was da kommen wird!»

Genau das ist schwulen Jungen häufig unklar. Sie empfinden Halt- und Orientierungslosigkeit, haben Probleme, sich zu outen, zu ihrer Veranlagung zu stehen und diese mitzuteilen. So machen schwule Jungen viel durch, sie leugnen ihre Homosexualität lange und geraten dadurch in Isolation. Viele denken dann auch an Selbstmord. Nicht selten ist die Mutter die erste Person, die eingeweiht wird. Der Vater bleibt ausgespart, erwartet man von ihm keine angemessene, keine einfühlsame Antwort.

Dabei gibt es keine perfekte Reaktion, wenn Eltern erfahren, dass ihr Sohn schwul ist. Wenn man sich selbst bemitleidet («Warum gerade er?»), wenn man sich mit Schuldvorwürfen geißelt («Was habe ich nur falsch gemacht?»), so mag diese erste Reaktion den Schockzustand ausdrücken, in den man geraten ist. Schwule Jungen wünschen sich in dieser Situation am meisten, nach wie vor der Sohn ihrer Eltern zu sein. Es kommt mithin nicht auf viele Worte der Eltern an, bedeutsam ist die Haltung. Es gilt, den Sohn so anzunehmen, wie er ist. Hier ist keine kurzfristige Haltung gefragt, sondern es stellt sich eine lebenslange Aufgabe.

Die wilden Kleinen! – Jungen im Kindergartenalter

«Markus», so berichten seine Eltern mit einer Mischung aus Bewunderung und Irritation, «konnte schon mit zweieinhalb Jahren den Leuten, die er kannte, das richtige Geschlecht zuordnen. Die Oma war eine Frau, der Opa ein Mann. Und wenn wir dann fragten: Warum?, meinte er, Oma habe längere Haare, der Opa eine tiefere Stimme. Das Gleiche passierte mit den Mädchen und den Jungen. Seine Begründung: Kleider tragen Mädchen, Jungen Hosen.»

«Tim», so seine Mutter, «entwickelte mit knapp drei Jahren eine richtige Angst vor Kleidern. Wehe, wir machten mal ein

Rollenspiel und er musste sich als Mädchen verkleiden, dann fing das Theater an. Er schrie wie am Spieß und war für keine Argumente zugänglich.» Tims Mutter ist heute noch entsetzt. «Nun ist er fünf Jahre. Und jetzt spielt er mit seinem Freund auch mal ‹Vater und Mutter›. Und er nimmt sogar die Mutterrolle an!»

«Mich hat etwas anderes genervt», hakt der Vater des mittlerweile siebenjährigen Sebastian ein: «Dieses Macho-Gehabe. Nichts mit Mädchen machen wollen. Dann mit fünf Jahren so ein Spruch, der mich umgehauen hat. Als meine Frau ihn bat, den Tisch abzuräumen, meinte er ganz ruhig, das würde er nicht machen, das sei Frauensache.» Der Vater lächelt unsicher: «Also ich weiß nicht, woher er diese Sprüche hat. Ich helfe im Haushalt, koche, gebe mir jegliche Mühe, ein anderes Bild vom Vater abzugeben!»

Die Geschlechterorientierung fängt bereits sehr früh an. Wenn das Kind etwa 18 Monate alt ist, erkennt es, welchem Geschlecht es angehört. Das Kind weist auch die Erwachsenen, die es um sich hat und kennen lernt, dem richtigen Geschlecht zu. Dabei orientiert es sich an Äußerlichkeiten, Haartracht, Kleidung, Stimme. Anatomische Unterschiede spielen zunächst eine absolut untergeordnete Rolle. Etwa vom dritten Lebensjahr an entwickelt sich eine Geschlechtsstabilität bzw. Geschlechtskonstanz. Das Kind ist überzeugt, das Geschlecht bleibt erhalten, es fühlt sich einem Geschlecht zugehörig. Damit hat das Kind einen wichtigen Schritt hin auf eine Geschlechtsidentität getan.

Die Verkleidungsspiele in dieser Zeit dienen der Beantwortung einer Frage: Bleibe ich ein Junge, selbst wenn ich Mädchen- bzw. Frauenkleider trage? Kleider zu tragen, sich zu schminken, andere weibliche Attribute zu benutzen (z. B. Schmuck), kann nicht zur Folge haben, sich zu einem Mädchen zu entwickeln. Es fällt allerdings auf: Mädchen möchten häufiger Jungen spielen als umgekehrt Jungen in die Rolle eines Mädchens schlüpfen wollen.

Sensibilität ist somit vonnöten, wenn Jungen sich Verkleidungsaktivitäten (z. B. beim Fasching oder im Kindergarten) oder Rollenspielen verweigern. Wer hier unnachsichtig in die emotionalen Befindlichkeiten eingreift, wer Druck ausübt («Nun stell dich nicht so an!»), bagatellisiert («Das ist doch nur ein Spiel!») oder gefühlsmäßige Reaktionen (z. B. Weinen, Rückzug) vorschnell oder als lächerlich abtut, behindert wichtige Entwicklungsschritte des Jungen. Bedenken Sie: Nur wer sich mit seinem Geschlecht identisch fühlt, kann diese Identität spielerisch verändern.

Fühlen sich die Jungen schließlich ihrem Geschlecht zugehörig, erweist sich die Geschlechtskonstanz als stabil, dann bilden sich bis zum fünften, sechsten Lebensjahr starre, rigide Geschlechtsrollenklischees aus. Erst nach dieser Phase ist eine souveränere Handhabung der Geschlechtstypika möglich, scheint Flexibilität auch im Umgang mit Mädchen angesagt. Dann grenzen sich Jungen nicht nur von den Mädchen ab oder schließen sie aus, dann werden Gemeinsamkeiten erkannt, wird die Abgrenzung eine Zeit lang überwunden, bevor in der Pubertät neue geschlechtstypische Grenzen aufgebaut werden, Jungen Mädchen «ätzend» finden. Aber das gilt auch umgekehrt.

Es gibt eben keine Rosen ohne Dornen: Die Unterscheidung der Geschlechter geht mit der Ausbildung von Stereotypen einher, wobei nicht jedes Klischee («Mädchen sind langweilig, weil sie nicht raufen!») auch aus der Sicht des Jungen falsch ist. In Zeiten der körperlichen wie seelischen Brüche dienen Klischees der Vereinfachung von sozial komplexen Situationen. Um kein Missverständnis aufkommen zu lassen: Frauenverachtende Sprüche und erniedrigendes Verhalten sind damit nicht entschuldigt. Doch nicht jedes Klischee bringt einen Erziehungsfehler von Eltern und Erzieherinnen zum Ausdruck, es spiegelt vielmehr eine Entwicklungsdynamik wider, steht für den Wunsch nach Vereinfachung von Wirklichkeit, die mit normalen Mitteln ansonsten nicht zu begreifen wäre. Manchmal sind Mädchen für Jungen tatsächlich langweilig!

Auf der Suche
nach Männlichkeit

Wenn Jungen sich der Geschlechtsunterschiede bewusst sind, dann beginnt ihre Suche danach, was Männlichkeit darstellt. Jungen grenzen sich ab, sie wollen anders sein als Mädchen, sie vergleichen sich mit anderen, meist älteren Jungen, denen sie ähneln wollen, Jungen lehnen sich auf, sind ungehorsam und missachten Verbote. Sie bringen schnell in Erfahrung, wie man Aufmerksamkeit und Zuwendung bekommt: indem man Anweisungen missachtet, Grenzen überschreitet. Was auffällt: Jungen werden Eigenschaften häufig durch negative Zuschreibungen zugewiesen: Ein Junge weint nicht, ein Junge zeigt keine Gefühle ...

Stereotype und Klischees darüber, was ein Mann nicht ist, können nicht mit «guten» Worten oder abstrakt bleibenden Erziehungsabsichten überwunden werden. Wichtig sind für Jungen männliche Vorbilder! Sie brauchen Männer in ihrer Umgebung, die zu ihrem Mannsein stehen, die Widersprüchlichkeit verkörpern und die ihnen zeigen, wie sich männliche und weibliche Anteile im Alltag leben lassen. Jungen lernen nicht mittels einer Wortschwallpädagogik, für sie ist das vorgelebte Modell entscheidend. Jungen wollen nicht wissen, was ein Mann nicht ist, sie möchten erfahren, wie er sich definiert, durch was er sich auszeichnet. Dies prägt sich umso mehr ein, je unmittelbarer und direkter sie mit dem Modell in Kontakt sind. Hierin liegt eine Chance und zugleich ein Problem. Auch negative Modelle (Machos, Paschas oder die omnipotenten Medienhelden) können für Jungen attraktiv und prägend werden. Wer allerdings schon in frühen Jahren das Pascha- oder Rambo-Gehabe als Vorzeichen einer finsteren Zukunft interpretiert, schüttet möglicherweise das Kind mit dem Bade aus.

Klischees und Stereotype gehören zur Entwicklung einer Geschlechtsstabilität. Sie drücken aus, wie unsicher sich Jungen in bestimmten Entwicklungsphasen fühlen, gerade in Übergangszeiten, in denen das Bedürfnis nach Vereinbarung Triumphe feiert. Das Problem ist mithin nicht die Existenz von Klischees. Wenn sich Stereotype in bestimmten Entwicklungsphasen zeigen, dann scheint es kein Problem. Gefährlich für die eigene Entwicklung wie für die Beziehungsfähigkeit des Jungen ist es allerdings, wenn diese Phase das weitere Leben prägt.

Geschlechtsidentität ist nicht zum Nulltarif zu haben, Geschlechtsunterschied und Geschlechtsstabilität sind nur in einem Prozess zu gewinnen, der von Brüchen und Widersprüchen gekennzeichnet ist. Es kann ein herausragendes Erziehungsziel sein, wenn sich ein Junge nicht allein aufgrund der konventionellen Geschlechtskriterien (z. B. Raufen, Toben, Auffallen) als Junge wahrnehmen kann. Doch setzt eine solche Loslösung von der Geschlechterrolle eine gewachsene Identität voraus. Wer zu früh zu einer Differenzierung der Jungenidentität beiträgt – aus welchen Gründen auch immer –, der irritiert, der verunsichert die Jungen.

Die Herausbildung einer Geschlechtszugehörigkeit wird auch sozial bestimmt. Die Geschlechtsidentität, so zeigen zahlreiche Untersuchungen, erweist sich umso stabiler, je mehr sich Vater und Mutter ihrer Rolle bewusst sind, mit der sie das Verhalten eines Jungen beeinflussen. Je intensiver der Körperkontakt zwischen Jungen und Eltern ist, je sinnlicher die Erlebniswelt, umso klarer lernen Jungen, zu ihren Gefühlen zu stehen. Soziale Einflüsse können sich ebenfalls in negativer Form zeigen: Manche Väter gehen mit ihren Söhnen ruppiger um, weil sie meinen, durch zu viel Zärtlichkeit könnten sie «verweichlicht» werden. Und nicht selten übersehen Mütter introvertierte Verhaltensweisen ihrer Söhne. Kein Wunder mithin, wenn schon kleinere Jungen durch störendes Verhalten auf sich aufmerksam machen.

Jungen sind – wie Mädchen auch – nicht nur passive Objekte der Erziehung. Kinder sozialisieren sich selbst, sie schaffen sich eine ganz eigene Erziehungsrealität, indem sie ihre Umwelt beobachten und imitieren. Und indem sie sich abgrenzen, bestimmen sie das Verhältnis und die Spannung von Nähe und Distanz zu den Eltern selbst. Mal klammern sie, mal stoßen sie weg, mal sind sie Kuschelpuppe, dann wieder Kaktus. Durch Beobachtung erfahren Jungen wie Mädchen von Anfang an, wie sie unterschiedlich behandelt und angesprochen werden: Jungen werden als groß, stark, aktiv, mutig, körperorientiert, rücksichtslos und materialistisch eingeschätzt. Entsprechende Erwartungen haben sie dann zu erfüllen.

In jener Phase, in der sich Geschlechtsstabilität ausbildet, besuchen die Jungen den Kindergarten. Dort wird – ob nun gewollt oder nicht – die Ausbildung von Geschlechtsidentität beeinflusst.

Brave Mädchen – böse Jungen.
Klischees in den Köpfen von Erziehern

«Ich denke», so eine Erzieherin, «Jungen und Mädchen sind sehr verschieden. Ich will damit nicht sagen, dass ich mit Jungen nicht auskomme. Aber sie beanspruchen mich sehr.» – «Natürlich will ich es nicht», ergänzt ihre Kollegin, «aber ich präge schon das Verhalten von Jungen. Die Störer bekommen mehr Aufmerksamkeit, auch wenn das eine negative Zuwendung ist. Dann habe ich auch meine Sprüche von den wilden Jungen usw.!»

«Neulich habe ich doch glatt gesagt, heute wären die Jungen braver als Mädchen gewesen», berichtet eine andere Erzieherin. «Als ob Bravheit ein Privileg von Mädchen ist. Ich hätte mich vor Wut sonstwohin beißen können.»

«Unbewusst geben wir bestimmte Klischees weiter oder verstärken sie», beschreibt eine weitere Erzieherin die Situation. «Ich übersehe häufig die stillen Jungen. Oder wenn ich sie sehe, meine ich sofort, die hätten was, seien krank oder traurig ... Oder wenn sie mir freiwillig beim Aufräumen helfen, dann denke ich, sie wollen hinterher dafür was bekommen oder wollen sich einschmeicheln. Ist schon komisch!»

Es wäre vorschnell und vereinfachend, den Kindergarten für die Ausbildung von Geschlechterrollen verantwortlich zu machen, den Erziehern und Erzieherinnen vorzuwerfen, durch ihre Arbeit würden sie geschlechtstypische Verhaltensweisen nur verstärken. Gegen ihre guten Absichten bestätigen viele Erzieherinnen in ihren Handlungen geschlechtstypische Klischees. Dies ist keine Schuldzuweisung, sondern eine Beobachtung. Da spielt das Unbewusste doch immer wieder mit!

■ Erzieherinnen und Erzieher beschäftigen sich mehr mit störenden Jungen, widmen ihnen mehr Aufmerksamkeit als unauffälligen Mädchen. Auch die schüchtern-zögerlichen, introvertiert-zurückgenommenen Jungen bleiben häufig unbeachtet.

■ Erzieherinnen und Erzieher verhalten sich unterschiedlich, wenn es um das Spiel- und Sozialverhalten der Kinder geht. Viele Erzieherinnen bevorzugen Harmonie, Zuwendung und die Abwesenheit von Konflikten und Krisen, sie favorisieren ruhige Spiele, feinmotorische Aktivitäten. Wilde Spiele, gar Rollenspiele mit Waffen, nichtsprachliches Krisenmanagement (z. B. der körperbetonte Kampf) werden nicht gefördert, häufig vielmehr vehement abgelehnt.

Auch wenn im Kindergarten eine weiblich geprägte Sozialisation vorherrscht, so sind ihr Jungen nicht ausgeliefert. Jungen suchen nach Auswegen, sie fordern heraus, sie konfrontieren.

Fritz und die Fünfergang

Fritz, vier Jahre, kommt morgens gegen 8 Uhr in den Kindergarten. Fritz gilt als kleiner «Rambo», als «Schlitzohr». Man mag ihn, obwohl die Erzieherinnen manchmal wünschten, er könne sich eine kleine Auszeit nehmen. Doch diesen Gefallen tut Fritz ihnen nicht. Er kommt jeden Tag – und er kommt gerne. An einem Morgen sitzt Fritz' Erzieherin mit Katja an einem Tisch. Katja, ein fünfjähriges Mädchen, ist leicht entwicklungsverzögert. Sie braucht viel intensive Ansprache und Zuwendung. Fritz geht an den Tisch, sagt: «Guten Morgen!» Der Gruß wird nicht erwidert. Wieder ruft Fritz, dieses Mal lauter: «Guten Morgen!» Es bleibt ruhig, Fritz wird nicht eines Blickes gewürdigt, so sind die beiden mit sich beschäftigt. Katja nimmt alle Aufmerksamkeit der Erzieherin in Anspruch. Fritz stampft mit den Füßen auf. «Guten Morgen, hab ich gesagt!» Als auch dieser Gruß nicht beantwortet wird, dreht Fritz wortlos ab, rennt in die Puppenecke, sieht die kleine Florentine, zieht ihr kräftig an den langen Haaren, tritt ihr vors Schienbein. Sie schreit laut auf, fängt an zu weinen. Sofort stürmen zwei Erzieherinnen hinzu, rennen zum pädagogischen Einsatz in das Kampfgetümmel, sehen, wie Florentine weint, sich die Haare hält und Fritz triumphierend die Ankunft der beiden Erzieherinnen erwartet. «Was hast du da wieder gemacht?», ruft eine genervt. «Das seht ihr doch, ihr blöden Kühe», antwortet er ebenso cool wie ironisch.

Würde man Fritz fragen, was er an diesem Morgen gelernt hat, wäre die Antwort klar: «Ich sage nicht mehr ‹Guten Morgen›, ich gehe gleich in die Puppenecke, raufe mit den Mädchen, bis diese schreien, dann kommen mehrere Erzieherinnen angestürmt und schimpfen mit mir.»

Jungen wird, und das wird Erzieherinnen erst in der Reflexion bewusst, mehr Beachtung geschenkt, sie erhalten intensivere Rückmeldung auf ihr Handeln. Jungen lernen schnell. Wenn ich mich angemessen verhalte, so wie es meine Bezugspersonen erwarten, beachten sie mich nur am Rande. Wenn ich meine Aggressionen nach außen richte, mich vehement abgrenze, mich ungebührlich und asozial verhalte, dann stehe ich im Mittelpunkt, bin im Blick, finde mehr Beachtung, manchmal auch Verachtung – aber auch Letzteres bringt Aufmerksamkeit mit sich.

Fritz hat viele Seelenverwandte in den Kindergärten des Landes. Heiko, Martin, Niko, Paulo und Ronald, alle um die sechs Jahre alt, sind der Schrecken ihrer Erzieherinnen. Schon am Morgen warten sie aufeinander. Nur im Pulk betreten sie die Öffentlichkeit – «wie ein Trupp Westernhelden», meint eine Erzieherin. Kaum im Gruppenraum, fangen sie an zu rangeln, zu toben, zu schreien. Laut und bewegt, nein: sehr laut und äußerst dynamisch geht es zu, die Nerven und Ohren der Erwachsenen werden strapaziert. Vorsichtige Eingriffe der Erzieherinnen: «Könnt ihr nicht mal leiser sein?» gehen im Getöse unter; Drohungen wie: «Ihr fliegt raus, wenn ihr weitermacht», nehmen Heiko und Konsorten nicht mehr ernst, haben sie doch die Erfahrung gemacht, dass solche sprachlichen Attacken ihrer beiden «lieben» Erzieherinnen niemals wirklich durchgehalten werden. Heiko und Paulo haben zudem eine klassische Gegenstrategie entwickelt: Sollte es wirklich mal brenzlig werden, strahlen sie ihre Erzieherinnen mit ihren blauen bzw. braunen Augen an, umschnurren sie wie kuschelige Kater … und schon ist der angekündigte Rausschmiss schnell vergessen. Was sie übrigens nicht daran hindert, hinterher umso vehementer weiterzumachen. Hatte die «Fünfergang», wie man die Gruppe nannte, voneinander genug, mischten die Jungen die anderen Kinder auf, bezogen diese in ihr lautstark-impulsives Spiel mit ein. Besonders die Mädchen verhielten sich zwie-spältig zur «Fünfergang»: Einerseits beklagten sie sich über Stö-rungen und Angriffe, andererseits fanden sie es erregend und spannend, in das Spiel der Jungen einbezogen zu werden.

«Die machen mich einfach wütend! Die sind fürchterlich!», erklärt die Leiterin des Kindergartens, Pamela Schneider. Bei ei-ner Fachberatung versuchen wir, der Sache auf den Grund zu gehen.

«Was tun Sie, damit die Kinder Sie wütend machen?»

Jetzt klingt ihre Stimme leicht ungeduldig: «Ach, jetzt bin ich auch noch schuld! Die sind fürchterlich. Die kleinen Ungeheuer müssten Sie mal sehen!»

Frau Schneider erzählt von ihren «Schlitzohren» – und da-bei strahlen ihre Augen, als ob sie von einem Geliebten berich-tet.

«Sie mögen die Kinder?»

«Ja. Aber wenn sie doch nur nicht so nervig wären!»

«Auch ich weiß da nicht mehr weiter», sagt Sonja Ehlers, ihre Kollegin, «sie machen mit uns, was sie wollen.»

«Sehen Sie das doch mal so: Die Kinder sind Geschenke für Sie. Geschenke, die herausfordern!»

Die beiden Erzieherinnen sind verdutzt. «Geschenke?» Frau Schneiders Augen verengen sich: «Auf solche Geschenke kann ich verzichten!»

«Glaube ich nicht. Nehmen Sie die Fünfergang mal als Ge-schenk an!»

«Sie meinen, ich kann von diesen Kindern etwas lernen, mit ihnen neue Erfahrungen machen?»

Die beiden Erzieherinnen werden neugierig. Ihre angespann-te Körperhaltung wird lockerer. «Wie packen Sie Geschenke zu Hause ein?» Pamela Schneider überlegt. «Wichtig ist für mich eine große rote Schleife!»

Ihre Kollegin Sonja Ehlers lächelt ein bisschen, ihre Stimme klingt noch leicht trotzig. «Ich mag Blau lieber.» Kurze Pause. «Aber jetzt sagen Sie uns endlich, was soll der Quatsch?»

«Sie sollen sich die Fünfergang gegenseitig zum Geschenk machen.» Die beiden Erzieherinnen lachen laut los: «Etwa richtig?» – «Stellen Sie sich vor», sage ich, «morgen steht die Fünfergang vorm Kindergarten. Alle haben Schleifen im Haar, blaue und rote Schleifen, so wie Sie sie mögen. Und dann sagen Sie sich: ‹Die fünf sind für mich ein Geschenk des Himmels.›»

«Wenn's denn hilft!» Die beiden erklären sich bereit, diese Phantasieübung, die zu einem veränderten Blickwinkel führen soll, am nächsten Morgen zu starten. Pamela Schneider und Sonja Ehlers stehen im Eingang. Später berichten sie: «Mit einem Mal bekamen wir richtig Spaß an der Sache. Wir hatten den richtigen Biss. Schlimmer hätt's ja auch nicht werden können.»

Die Fünfergang trabt an – voller Vorfreude auf einen aktionsreichen Vormittag und darauf, mit ihren «lieben» Erzieherinnen das bekannte Spiel zu spielen. «Unsere Geschenke kommen.» Sonja Ehlers lächelt. Strahlend, entspannt und ganz locker gehen die beiden auf ihre fünf Kinder zu. Die wiederum sind irritiert.

«Is was?», fragt Paulo.

«Warum seid ihr so lustig?» Niko wirkt nachdenklich. Auch Heiko will nicht glauben, was er sieht; war er doch bisher genervt-gestresste Gesichter gewöhnt, wenn er den Kindergarten betrat.

Alle fünf bekommen einen freundschaftlichen Klaps auf die Schultern, Annahme signalisierend. Sie wirken konsterniert und überrascht, die gewohnten Rituale scheinen plötzlich hinfällig zu sein. Als die Erzieherinnen Aufgaben an die Kinder verteilen, um sie durch Verantwortung stärker einzubinden, machen sie bereitwillig mit. «Heut ist irgendwas anders.» Ronald wirkt nachdenklich und weiß (noch) nicht, ob er darüber lachen soll oder sauer sein.

Der Vormittag verläuft so, wie die Erzieherinnen ihn sich bisher nicht vorzustellen trauten. Selbst als die Fünfergang eine Zeit lang Wirbel macht, betrachtet Pamela Schneider die «Störungen» mit anderen Augen: «Ich hab sie mir mit Schleifen vorgestellt. Da konnte ich ihr Theater eine bestimmte Zeit aushalten.» Und Sonja Ehlers ergänzt: «Sie haben irgendwann von alleine aufgehört.»

Viele Eltern und Erwachsene bewerten nicht die Handlungen, die sie sehen, sie bewerten die Handlungen auf der Grundlage von vorgefassten Meinungen: Man schlägt sich nicht, man sagt keine Schimpfwörter etc. Für die Erzieherinnen in der beschriebenen Situation stellen die Handlungen der Jungen das Gegenteil von dem dar, was sie sich für die Arbeit wünschen. Sie wollen – zu Recht – ein ausgeglichenes und auf gegenseitigen Respekt aufbauendes Miteinander. Jede Handlung, die die Harmonie stört, wird deshalb negativ gedeutet, abgelehnt, abgeblockt. Und jeder Junge, der stört, wird auf dieser Grundlage in ein bestimmtes Beobachtungsraster eingeordnet. Der Junge hat kaum Chancen, dieser Zuordnung zu entgehen. Positive, konstruktive und soziale Persönlichkeitsmerkmale werden kaum wahrgenommen.

An der Situation der Fünfergang veranschaulicht: Nachdem die Erzieherinnen mit pädagogischen Maßnahmen keine passenden, von den Jungen akzeptierten Grenzen setzen konnten, weil die Maßnahmen offensichtlich an der Wirklichkeit der Kinder vorbeigingen, waren neue Regeln vonnöten. Die bisherigen brachten ausschließlich den Jungen Spaß: Sie wussten, wie sie ihre Erzieherinnen mit geringem Aufwand schnellstmöglich auf die Palme bringen konnten. Die «Erfolge» ihres Tuns waren an Gestik und Mimik von Pamela Schneider und Sonja Ehlers jeden Morgen abzulesen: Die Erzieherinnen wirkten angespannt, sobald sie die Fünfergang nur sahen. Daraus entstand eine sich selbst erfüllende Prophezeiung. Dann veränderten die Erzieherinnen ihren Blickwinkel und damit die Spielregeln. Als die fünf Jungen das Gefühl hatten, mit all ihren Persönlichkeitsanteilen angenommen zu sein – und dazu gehören auch die ungekonnt-aggressiven –, wurde ihr altes Ritual überflüssig. Das Lachen der Erzieherinnen signalisierte ihnen, auf eine andere Weise als bisher akzeptiert und angenommen zu sein.

«Jetzt bin ich bald groß!»
Jungen im Schulalter

«Bisher», so Roswitha Schrader, «kam ich mit Tobias ganz gut aus. Aber jetzt ist er acht, nun bin ich voll peinlich, langweilig, habe keine Ahnung. Vom Sport und vom Computer ganz zu schweigen. Da stehe ich voll daneben. Nun werden Männer wichtig. Er fliegt komplett auf meinen Mann, auf alles, was Hosen anhat. Kleider schrecken ihn offensichtlich ab.»

«Mir ergeht es ähnlich», ergänzt Henriette Wulf. «Klaus und Ingo ließen sich noch bis vor einigen Monaten Geschichten vorlesen. Aber jetzt, sie sind sieben und zehn Jahre alt, finden sie das öde. Nun ist das Skaten wichtig, das Radfahren, sie suchen Abenteuer. Sie fahren mit meinem Mann Radrennen, wer am schnellsten ist, sie rangeln und raufen. Sie fragen dauernd meinen Mann, wie's bei ihm früher war. Als ob ich nichts erlebt habe. Aber ich scheine zurzeit nicht zu zählen.» Sie klingt leicht resigniert.

Bei ihr sei das widersprüchlicher, berichtet Veronika Müller, Mutter des neunjährigen Matthias. «Der stellt sich jeden Morgen vor den Spiegel, überprüft, ob er schon etwas gewachsen ist, weil er in seiner Klasse der Kleinste ist. Und jeden Tag muss ich ran, dann stellen wir uns Rücken an Rücken, um zu prüfen, wer größer ist.» Noch sei sie natürlich größer, meint sie lächelnd. Matthias kommentiert das regelmäßig: «Bald hole ich dich ein, dann spucke ich dir auf den Kopf.» Sie denkt nach: «Jetzt will er enge Jeans anhaben, enge Pullover, überprüft wie ein Dressman vor dem Spiegel seine Wirkung. Oder er schmiert sich Gel ins Haar. Neulich hat er an drei Tagen eine Tube verbraucht. Oder er kommt mit einem Ring im Ohr aus der Schule. Dann bin ich ausgeflippt. Doch das war nur 'ne Attrappe. Als er meinen Ohnmachtsanfall sah, setzte er einen drauf: ‹Nächstes Jahr mach ich das in echt.›»

Übergangszeit

Die Zeit zwischen dem sechsten und zehnten Lebensjahr ist eine Übergangszeit, eine Zeit trügerischer Ruhe, eine Zeit, in der es im Inneren von Jungen brodelt. Auf der einen Seite sind die Jungen dem Kindergarten entfleucht, setzen sich von den kleinen «Hosenscheißern» ab, auf der anderen Seite blicken sie zu den Älteren auf, eifern ihnen nach, vergleichen sich, imitieren sie, sodass sie zur Karikatur von Vorpubertierenden werden. Sie probieren aus. Jungen bereiten sich auf eine Zeit vor, von der sie nichts Genaues wissen.

Da spielen sie sich tagsüber wie kleine Machos auf und sind froh, nicht Vater oder Mutter bei sich zu haben, da werten sie tagsüber ihre Mutter als voll peinlich ab und lassen sie abends nicht gehen, wenn sie zum Yoga oder zur Gymnastik will. Da brüsten sie sich am helllichten Tag ob ihrer Heldentaten, verlieren sich in Größenphantasien und sind kleinlaut-verängstigt, wenn sie in dunklen Zimmern von Monstern besucht werden. Da lassen sie vor dem Spiegel ihre Muskeln spielen, fühlen sich stark und unverletzbar und zeigen sich schamhaft, wenn Mütter sie nackt entdecken.

Jungen sind hin und her gerissen zwischen dem, was sie

schon können – und dies ist eine Menge –, und dem, was sie noch nicht können. Sie fordern und überfordern sich, sie scheinen groß und dann wieder klein. David trifft Goliath. Sie durchdringen die Welt mit Wissen und Phantasie und verzweifeln manchmal an dem, was sie noch nicht wissen (können), Glück geht mit Traurigsein, Selbstbewusstsein mit Frustration einher.

Jungen reagieren darauf verschieden: Die einen sind voll Wut und Zorn, wirken ungehalten und unzufrieden, andere ziehen sich zurück, scheinen melancholisch, betrübt, wieder andere suchen Schuldige – Mutter, Vater, Geschwister –, die sie für alles Unglück verantwortlich machen können.

Der Schulbeginn stellt einen wichtigen Einschnitt in der Entwicklung von allen Kindern dar. Nicht selten wird die Freude, die der neue Lebensabschnitt mit sich bringen kann, durch überzogene Erwartungen («Jetzt fängt der Ernst des Lebens an!», «Streng dich an, sonst kommst du nicht aufs Gymnasium!»), durch ständige Vergleiche («Dein Bruder war in Mathe besser!», «Schau an, warum du nur diese Noten mit nach Hause bringst! Früher ging's doch auch besser!»), durch permanentes Deuten («Ist was mit dir? Oder warum gehst du so ungern zur Schule?»), durch die Überzeugung, alles im Blick und im Griff haben zu müssen («Welche Hausaufgaben hast du heute auf?», «Hast du deine Schulaufgaben gemacht?», «Du hast heute schon wieder nicht gelernt!») vermiest.

Nichtangemessene Erwartungen und natürliche Vergleiche führen gerade bei introvertierten Jungen zum Rückzug, schlechten Stimmungen. Bei extrovertierten Jungen löst so etwas Wutausbrüche aus, oder sie ziehen Eltern in einen Machtkampf. Die Schule, die Leistungen, die Hausaufgaben beherrschen die Gesprächsinhalte in einer Familie. Man redet, man streitet über nichts anderes. So entsteht ein Teufelskreis. Am Ende ist die ganze Familienatmosphäre getrübt und angespannt, nicht selten werden die Schulnoten schlecht. Auf Klassenarbeiten, die danebengegangen sind, wird elterlicherseits überzogen, unsensibel, manchmal gar maßlos reagiert.

Da wird die Freizeit begrenzt, indem der Junge gezwungen wird, noch mehr für die Schule zu lernen, sportliche Aktivitäten werden so lange untersagt, bis die Leistungen im Unterricht besser geworden sind. Da werden Fernsehen und Computer verboten, damit sich der Junge auf den Schulunterricht vorbereiten kann. Manchmal hilft es tatsächlich, aber auf Kosten der Eltern-Sohn-Beziehung, die durch solche Strafaktionen maßlos beeinträchtigt und sehr gespannt wird. Jungen verweigern sich, revoltieren.

Leistungsstress

«Ich bin zurzeit abgesackt in der Schule», erzählt der zehnjährige Carsten. «Ich weiß auch nicht, woran das liegt. Aber irgendwie geht's zurzeit nicht. Und muss ich jeden Tag zwei Stunden lernen. Mein Vater meint, sonst versäume ich was, verbaue mir alle Chancen in der Zukunft. Dann lernt er mit mir. Und dann klappt das auch!» Er lacht bitter: «Aber in der Schule sitzt er ja nicht neben mir, wenn wir eine Arbeit schreiben. Ja, dann sind meine Gedanken woanders, und ich schreibe wieder eine schlechte Note. Wenn der die sieht, ärgert er sich fürchterlich.»

«Mein Vater ist mit nichts zufrieden», so beklagt der elfjährige Frederick, «für den fängt ein Mensch erst ab Note zwei an. Davor hat man versagt. Der lobt einen nie. Als ich neulich im Aufsatz eine Eins hatte, da hat er ihn durchgelesen und gemeint, manches hätte ich noch besser ausdrücken können. Da habe ich ihm die Zunge rausgestreckt, aber so, dass er das nicht sehen konnte.» Seine Augen funkeln wütend: «Was bildet der sich eigentlich ein. Der war sauschlecht in der Schule, hat zwei Klassen wiederholt und jetzt seine Sprüche! Ich soll es einmal besser haben und so. Die gehen mir schwer auf den Geist. Ehrlich! Meine Mutter ist da anders! Aber dann streiten sie. ‹Du fällst mir in den Rücken›, schreit er sie an. ‹Wozu mache ich mir denn den Rücken krumm …? Doch dass aus dem Buben was wird.› Und so geht das ständig.»

Es ist schon erstaunlich, wie Auseinandersetzung um die schulischen Leistungen von Jungen (wie von Mädchen) schnell zu Partnerschaftskonflikten eskalieren. Wenn Jungen spüren, wie wichtig den Eltern – insbesondere aber den Vätern, die wesentlich häufiger, unangemessener, rigider, unnachgiebiger reagieren als die Mütter – das Thema Schule ist, dann ist der Machtkampf vorprogrammiert.

Damit die Schule nicht zum Reizthema wird

Nun ist das Gegenteil auch nicht richtig: Gleichgültiges Gewährenlassen oder Interesselosigkeit an schulischen Belangen ist nicht die Alternative. Damit die Schule nicht zum Reizthema wird, sollten Eltern, vor allem Väter, fünf Gesichtspunkte bedenken:

- Berücksichtigen Sie das unterschiedliche Lerntempo von Jungen: Manche brauchen mehr Zeit, manche sind schlichtweg langsam. Bedenken Sie: Mancher Junge verliert zwischen dem neunten und zwölften Lebensjahr die Lust an der Schule. Die Testosteronschübe tun ihre Wirkung, krempeln den Körper um. Jungen sind unkonzentrierter, die Folgen sind an schlechteren Schulnoten ablesbar.
- Jungen brauchen in dieser Zeit Bewegung, sie müssen überschüssige Kräfte austoben. Nicht ausreichende Schulleistungen verbessern zu wollen, indem man sportliche Aktivitäten vorenthält, ist ausgesprochen kontraproduktiv. Wenn die Schule – entwicklungsbedingt – keinen Spaß

macht, schlechte Noten am Selbstbewusstsein kratzen, dann braucht ein Junge im Alltag Felder, in denen er Bestätigung findet. Ein gutes Fußballspiel, ein Problem am Computer zu lösen, ein Gespräch mit Freunden über Gott und die Welt kann das beschädigte Selbstwertgefühl stabilisieren.

- Jungen brauchen das Gefühl, dass die Eltern Anteil am schulischen Geschehen nehmen. Aber das sollte jener Elternteil tun, der die größte Gelassenheit aufbringt. Anteilnahme hat nichts mit Verbissenheit, Besserwisserei und Rechthaberei zu tun. Die Themen Schule, Noten und Hausaufgaben sollten sich nicht wie ein roter Faden durch sämtliche Familiengespräche ziehen. Vereinbaren Sie feste Zeiten – ob nun täglich, alle zwei Tage –, in denen Sie über die Schule reden. Solche Rituale zwingen alle Beteiligten, sich auf das Thema zu konzentrieren, und verhindern, dass sich dieses Thema ununterbrochen in unendlich sich wiederholenden Schleifen hinzieht.

- Jungen brauchen positive Bestätigung für erbrachte Leistungen. Ermutigen Sie Ihren Jungen, aber werten Sie Leistungen nicht durch unbedachte Äußerungen ab («Na, siehst du, es geht doch! Du musst nur etwas tun!»). Es ist unangemessen, eine gute Schulnote mit materiellen Dingen zu belohnen. Ein freundliches Lächeln, eine zärtliche Berührung, ein freundschaftlicher Klaps auf die Schulter ist mehr wert als Geld oder Geschenke. Aber zu jeder Regel gehört die Ausnahme: Dem Jungen sein Lieblingsessen zu kochen, wenn er auf seine Leistung besonders stolz ist, kann angemessen sein.

- Jungen brauchen das Gefühl, angenommen zu sein – unabhängig von den schulischen Leistungen. Spüren Jungen, dass sie nur etwas wert sind, wenn sie gute Leistungen erbringen, empfinden sie das als Druck, der ihnen die Unbeschwertheit nimmt.

Überzogene Erwartungen, ständige Vergleiche zehren und zerren am Körper des Jungen, der in der Wachstums- und Übergangsphase sowieso zerbrechlich ist. Zwar fallen die nach außen gerichteten Aggressionen, die bewegungsorientierte Dynamik auf. Sie geraten ins Blickfeld, wenn man an Schuljungen denkt. Doch stellt nicht jede aggressive Handlung eine bewusste, zielgerichtete, bösartige Gewaltaktion dar.

Kräftemessen und der Sinn von Aggressionen

Aggressionen dienen auch dem ursprünglichen Sinne des Wortes: etwas Neues beginnen, auf jemanden zugehen. Autonomie, Selbsttätigkeit und Selbstbewusstsein müssen im Übergang vom Kindergarten- zum Schulalter neu erfunden, neu definiert werden. Die Jungen spielen in dieser Zeit Entdecker und Erfinder ihrer selbst. Sie schießen über das Ziel hinaus, wissen mit ihren Kräften nicht wohin. Und bevor sie spüren, wohin ihr Weg genau führt, was die Ziele ihrer Handlungen sind, bevor sie sich positiv sehen können, grenzen sie sich ab von den Erwachsenen und den Mädchen. Sie orientieren sich an größeren Jungen, vergleichen sich mit ihnen, imitieren deren Verhalten und Handlungsmuster. Und sie wissen auch, wie man Aufmerksamkeit erreicht – durch immer störende, auffallende Aktionen, die ihnen negative Zuwendung verschaffen.

Dass hinter manchen destruktiven Aktionen noch andere soziale Unsicherheit verborgen ist, Prahlerei und Kraftprotzerei nichts anderes als eine Fassade darstellen, wird häufig übersehen. Hinter dem sich omnipotent gebenden Jungen steckt oftmals ein zerbrechlicher, den Windeln gerade entwachsener Junge, der sich nicht traut, zu seinen Gefühlen zu stehen, weil er dies nicht gelernt hat oder weil man ihm suggeriert hat, solche «weichen» Anteile passten nicht zu einem Jungen.

Wenn man mithin auf die sichtbare Aggression fixiert ist, die Jungen im Schulalter so massiv an den Tag legen, so übersieht man rasch den inneren Konflikt, den die Jungen zu lösen haben und der sich in einem «stillen» Leiden zeigt, das von Eltern und dem pädagogischen Personal wiederum häufig übersehen wird.

Paul, acht Jahre, ist ein «kleiner Tollpatsch», heißt es in seinem Umfeld. Paul «passiert immer etwas», so seine Mutter. «Das fing schon im Kindergarten an, setzte sich in der Schule fort.» Seine Biographie liest sich in den letzten Jahren wie eine Aneinanderreihung von Krankenhausbesuchen: Mal fällt er während des Sportunterrichts vom Reck und bricht sich den Arm, dann läuft er durch eine geschlossene Glastür, große Schnittwunden sind die Folgen, dann läuft er – verträumt, versonnen – gegen einen Betonpfeiler in der Pausenhalle der Schule. Eine Platzwunde und eine Gehirnerschütterung erfordern einen längeren Hospitalbesuch. Paul ist ein ruhiger, sensibler, geschätzter Schüler. Man mag ihn, aber man belächelt ihn auch. Wenn wieder mal etwas passiert ist, der Arzt die Schule aufsucht, heißt es: «Der geht bestimmt zu Paul!» Und meistens trifft es auch zu!

Paul selber wirkt nicht unglücklich, es scheint, als genieße er die Fürsorge und das Mitgefühl, das mit seinen Unfällen einhergeht. Pauls Mutter ist verzweifelt, Pauls Vater verärgert, zornig, sauer über das Verhalten seines Sohnes. Ihn nervt dessen Unvorsichtigkeit. Die Familie hat noch drei «weitere Buben», wie der Vater sagt, «aber richtige Jungen, nicht solche Kasper wie Paul. Der träumt nur, der liest, der rauft nicht, der kämpft nicht. Nichts! Mit dem kannst du nichts richtig machen!» Pauls Mutter umsorgt ihren Sohn, wenn ihm etwas passiert ist, gibt ihm Zuwendung, versucht, ihn zu trösten. Paul nimmt das an, wirkt versonnen dabei, er genießt die Nähe, verspricht, nächstes Mal besser aufzupassen.

Nach dem letzten Unfall kommt er in die Beratung, die ein Arzt empfohlen hat: «Diese Unfälle können keine Zufälle sein!» Es stellt sich heraus: Paul möchte von seinem Vater als verträumter, sensibler, weicher Junge anerkannt sein. Über seine Tollpatschigkeit, seine Verletzungen hat er sich auch von ihm Zuwendung gewünscht, diese aber nur von der Mutter erhalten. Dabei hatte er sehnlichst gewünscht, «dass Papa auch mal kommt!». Paul strebt nach Anerkennung durch seinen Vater. Er wollte von ihm angenommen werden, wie er ist – eben mit seinen «weichen» Anteilen. Natürlich waren Paul seine Handlungsmotive nicht bewusst, sonst hätte er diesen Weg nicht gewählt, vielmehr geredet. Er hat gehandelt, um Hilfe gerufen in der Hoffnung, die Eltern, insbesondere der Vater, würden die Botschaft verstehen.

Bei Gesprächen mit Pauls Vater zeigte sich, wie sehr ihm das Verhalten seines Sohnes doch «auf den Wecker» ging. Auch er sieht in Pauls Handlungsmuster einen versteckten Hilferuf, auf den er reagieren muss. Er vereinbart mit Paul regelmäßig stattfindende Rituale, deren Inhalte Paul bestimmen darf. Er findet Pauls Vertrauen erst nach einer ganzen Weile. Der Junge braucht die Verlässlichkeit. «Jetzt hat er das Gefühl, dass wir ihn so mögen, wie er ist», sagen seine Eltern ein Jahr später – ein Jahr, in dem nichts mehr passiert ist.

Entwicklungsbedingte Krisen

Jungen geraten im Schulalter in eine entwicklungsbedingte Krise. Sie fühlen, dass viel auf sie einstürmt. Sie wachsen körperlich, seelisch und emotional. Viele Dinge sind neu für sie, die sie zu verarbeiten haben. Das gelingt nicht immer. Innere Konflikte sind eine Konsequenz, auch im Hinblick auf die Geschlechtsidentität. Manche Jungen leben ihren Zwang zur Männlichkeit aus, sie grenzen alles aus, wer und was nicht so ist wie sie. Andere Jungen, die dem konventionellen Klischee nicht entsprechen, wirken sensibel, verträumt, nach innen gekehrt, gefühlsmäßig erschütterbar, sozial interessiert, zurückgenommen. Finden diese Jungen keine Ansprache, geraten sie ins Abseits oder fühlen sich ohne Halt, nicht angenommen. Ein Junge kann sich ohne Halt, ohne Bindung nicht entwickeln, er braucht Zuwendung, Orientierung, Annahme. Bekommen sie dies nicht, dann versuchen sie, diese Aufmerksamkeit zu bekommen. Es ist wichtig, nicht nur jene Jungen zu beachten, die durch lärmendes Getöse auf sich hinweisen, sondern auch ein Gespür für jene Jungen zu entwickeln, die ungewöhnliche Wege einschlagen, um ins Rampenlicht zu geraten. Die einen benehmen sich «tollpatschig», andere brüten Krankheiten aus, für die keine objektiven medizinischen Gründe zu finden sind.

Jannick, neun Jahre, hat schon viele kleine Operationen hinter sich. Für sein Alter wirkt er sehr zerbrechlich. Sein Körper ist schmal, seine Augen flackern unsicher, wenn man ihn anspricht. Es scheint, als fühle sich Jannick am wohlsten, wenn man ihn allein lässt. Er kann sich hervorragend ausdrücken, ist hellwach, durchschaut selbst komplexe Situationen blitzschnell. Es ist, als habe er viele Antennen, mit denen er die Reize seiner Umwelt aufnimmt. Die erste Operation hatte er mit fünf Jahren. Ihm wurden nach ständigen Mittelohrentzündungen neue Paukenröhrchen eingesetzt. Die Operation wiederholte man noch zweimal. Als die Ohren «endlich», so die Mutter, «frei waren, begann das Theater mit der Nase. Auch die war ständig voll Rotz. Er röchelte, konnte schlecht atmen, schnarchte nachts laut. Aber wir brauchten wenigstens nicht operieren zu lassen. Mit sieben kamen die Mandeln raus, die ständig entzündet waren.» Sie blickt mich unsicher an: «Aber nun ist er alle naselang krank, mal hat er Schnupfen, dann Fieber. Wenn irgendetwas bevorsteht, dann ist mit Jannick etwas. Darauf kann man sich wirklich verlassen!»

Jannick ist auf Veranlassung eines Arztes in die Beratung gekommen, weil er sich um seine Anfälligkeit sorgte. Bei dem Gespräch stellte sich bald heraus, dass Jannick unter den hohen Erwartungen seiner Eltern litt. Er hatte noch zwei weitere Brüder, die «nur» die Realschule besuchten – sehr zur Enttäuschung von Mutter wie Vater, die sich «einfach mehr erwartet hatten».

«Aber der Jannick, der muss es jetzt schaffen. Der hat's doch vom Kopf her drauf», wie der Vater meinte, «der kann es doch, wenn der nur nicht immer krank wäre. Nun versäumt er so viel. Und wir müssen das zu Hause nachholen. Natürlich hat er dann kaum noch Freizeit. Aber was soll man da anderes machen?»

Jannick wurde nämlich vor den Klassenarbeiten regelmäßig krank, eben genau dann, wenn die elterlichen Anforderungen besonders groß waren. Es schien fast, als versagte Jannicks Körper seine Dienste, als rebellierte er gegen den ständigen Druck, der auf ihm lastete. Als verordnete er sich durch die Operationen und Krankheiten eine Ruhepause.

Für ein Kind wie Jannick ist es besonders wichtig, den elterlichen Erwartungsdruck zu mildern und durch eine dem Alter und dem Entwicklungsstand angemessene Zielperspektive zu ersetzen. Es geht darum, Jannick im Hier und Jetzt anzunehmen, ihn nicht mehr durch eine Zukunftsbrille («Du musst das Gymnasium schaffen!») zu sehen. Ein Junge wie Jannick muss körperlich gefordert werden.

Körper- und Selbstbewusstsein

Selbstbewusstsein drückt sich im Schulalter auch durch ein Körperbewusstsein aus. Damit sind nicht zwanghafte Männlichkeitsrituale gemeint. Nur wenn ein Körper gesund ist, wenn man auf ihn achtet und ihn pflegt, kann sich eine seelische und emotionale Entwicklung vollziehen.

Stimmt die Balance von innen und außen, von Psyche und Physis, nicht, können sich Krisen auch in Form von Krankheiten zeigen. Jannicks Geschichte beweist das: Hohe Erwartungen lasteten auf ihm, er wurde nur einseitig gefordert bzw. überfordert. Sein Körper revoltierte. Man erkannte diese Zeichen nicht und kurierte an den Symptomen, ohne den Ursachen nachzugehen. Nachdem der Junge körperbetonte sportliche Aktivitäten aufnahm, stellte sich eine Balance ein. Parallel zu seinem Selbstbewusstsein bildete sich auch ein positives Körperbewusstsein aus.

Jungen im Schulalter brauchen Eltern bzw. männliche und weibliche Bezugspersonen. Während der Vater für die körperliche Reibung (das Rangeln und Raufen), aber auch für das Schmusen zur Verfügung stehen sollte, kommt der Mutter in dieser Zeit eine andere wichtige Aufgabe zu. Sie lebt als positives Modell eine Einstellung zum Frau- und Muttersein vor. Damit demonstriert sie auch, wie sie vom Sohn behandelt werden möchte: mit Respekt, Achtung und Würde. Mütter mit einem derartigen Selbstbewusstsein benutzen ihre Söhne nicht als Ersatz für einen Partner. Die Jungen sind Söhne der Mutter, aber keine Muttersöhnchen, die man wie Schoßhündchen traktiert. Wenn Jungen im Schulalter sind, haben die Eltern die Aufgabe, die Elternrolle mehr hin zur partnerschaftlichen Rolle zu verschieben, das Mann- und Frausein stärker hervorzuheben.

Jungen im Schulalter wenden sich von den Eltern ab. Klammern sie vielleicht noch zwischen fünf und acht Jahren am Rockzipfel, so lassen sie dann los. Bevor sie in die Welt ziehen, tanken sie emotional noch einmal auf. Jungen müssen eigene Erfahrungen machen. Jedes Kind braucht dazu Freunde, die einen mehr, die anderen weniger. Die gleichaltrige Gruppe stellt eine wichtige Institution dar, um sich selber zu erziehen. Sie ist eine Instanz auf dem Weg zur Geschlechtsstabilität. Dabei überwiegen die Vorteile die Nachteile: Zwar bringen Jungen, vermittelt durch die Freunde, manche Unsitten mit nach Hause, doch das Kind wird selbständiger, erlebt die Welt unabhängiger von den Eltern. Ein Junge erwirbt so Autonomie.

«Ich mag mich nicht mehr leiden» – Jungen in der Pubertät

«Das war eine schlimme Zeit», erinnert sich Michael, mittlerweile 17 Jahre alt. Er sei plötzlich richtig «in die Höhe geschossen. Alle haben mich als ‹Junger Mann› angesprochen. Ich fand das blöd. Ein Mann war ich doch noch lange nicht. Und dann diese Sprüche der Erwachsenen: ‹Mensch, bist du gewachsen!› Das stimmte, aber nichts stimmte bei mir. Die Beine waren zu kurz, die Füße zu groß. Und dann mein Gesicht. Die Nase hatte was von Pinocchio. Die passte gar nicht in mein Gesicht rein!»

«Ich hatte viele Pickel, Akne», erzählt Philip, 18 Jahre. «Wenn ich morgens vorm Spiegel stand und wieder ’ne Eiterbeule sah, war der Tag für mich gelaufen. Eigentlich hätte ich mich lieber sofort ins Bett zurückgelegt. Meine Mutter hat nur auf die Pickel gestarrt. Sie meinte es sehr gut, kaufte Salben, Cremes … Alles drehte sich nur um die verfluchten Pickel.»

Dann habe er sich fünf Ringe ins Ohr gepierct. «Ich sah aus wie ’n Indianer. Ein absolut duftes Ablenkungsmanöver!» Er lacht. «Als die Pickel weg waren, waren auch die Ringe weg.»

Er wäre spät in die Pubertät gekommen, erst mit 15 Jahren hätten die Wachstumsschübe begonnen, berichtet der neunzehnjährige Björn. «Ich war immer der Kleinste. Die haben Witze gemacht. Ich war der Wichtel, Zwerg Nase, weil ich so ein Riesending im Gesicht hatte. Dann haben sie mich Samson getauft, weil ich zuerst in die Breite ging. Ich war richtig fett!» Erst allmählich habe er dann zu wachsen begonnen. «Gott sei Dank, dass diese Scheißzeiten vorbei sind.»

Die körperliche Entwicklung

Die wichtigste Entwicklungsaufgabe in der Pubertät besteht darin, den eigenen Körper zu akzeptieren. Das fällt nicht leicht, verändern sich die Körperproportionen doch keinesfalls harmonisch. Da entsteht nicht sofort jener Apoll, der einem griechischen Schönheitsideal entspricht. Arme und Beine wachsen schneller als der Körper. Die Bewegungen sind ungeschickttapsig, der Gang wird schaukelnd. Vieles ist nicht im Lot: Hände und Füße wachsen zunächst, erst dann folgen Hüfte, Brust und Schulter und das Antlitz. Da die Gesichtsknochen schneller wachsen als der knöcherne Schädel, streckt sich das Gesicht. Nicht selten scheinen Nase und Unterkiefer besonders groß, einfach nicht ins Gesicht zu passen.

Der Gang vor den Spiegel scheint vorprogrammiert, um sich einer strengen Kontrolle, einer geradezu masochistischen Prüfung zu unterziehen. Manche Jungen lassen sich piercen, lieben bizarre Figuren oder eigenwillige Kleidungskombinationen. All dies sind Versuche, um vom Äußeren abzulenken bzw. die innere Zerrissenheit zu inszenieren. Der aus der Balance geratene Körper lässt Heranwachsende an ihrer Normalität zweifeln.

Mehr als ein Drittel der pubertierenden Jungen sorgt sich um ihr körperliches Aussehen. Sie vergleichen sich ständig mit anderen. Schon geringe Abweichungen von der Norm werden überbewertet. Gerade Jungen, bei denen die Scham- und Gesichtsbehaarung verspätet einsetzt, werden gehänselt, als Milchbubis verspottet.

Hinzu kommt der Stimmbruch, der mit der Vergrößerung des Kehlkopfs zu tun hat. Der Stimmbruch äußert sich bei Jungen stärker als bei Mädchen und ist bekanntlich mit massiven Schwankungen der Stimmlage verbunden. Zieht sich der Stimmbruch über längere Zeiträume hin, wird er als belastend erlebt, weil die Jugendlichen nicht selten verspottet werden.

Die angegebenen Lebensalter, in denen sich körperliche Veränderungen zeigen sollen, stellen nur Richtwerte dar, bei denen es zu erheblichen Abweichungen kommen kann. Die diesbezüglichen Sorgen von Eltern wie von Heranwachsenden sind unbegründet. Viele Eltern besitzen nur wenig Informationen über die körperlichen Entwicklungsverläufe. Diese Wissenslücken führen zu Fehleinschätzungen. Manche Eltern reagieren über, wenn die körperlichen Veränderungen vermeintlich zu spät oder zu früh einsetzen. Andere verfallen in Panik oder Mitleid ob der Stimmungsumschwünge, die ihre Sprösslinge durchleben. Pubertierende Jungen haben ein eigenes Entwicklungstempo. Dabei haben sie nicht nur den Vorwärtsgang eingeschaltet. Stillstand und Rückwärtsgehen gehören – so nervig es ist – dazu.

Gefühlsschwankungen

Eltern sollten sich vor Augen führen: Hormone verändern nicht nur den Körper, sie sind auch für seelische Schwankungen verantwortlich. Die Palette reicht von Selbstzweifeln, Weltschmerz, Weinerlichkeit und überzogenen Wünschen nach Eigenständigkeit bis hin zu Ängsten, sozialer Unsicherheit, Rückzug und plötzlichen Wutausbrüchen.

Eltern, die auf diese Gefühlsschwankungen unangemessen («Du hast wohl deine Launen!», «Du bist wohl mit dem falschen Bein aufgestanden!»), die darauf autokratisch («Es wird jetzt gemacht, was ich sage!», «Deine Stimmung geht mir schwer auf den Keks!») oder unbeherrscht überzogen («Halt den Mund!», «Du kannst ja ausziehen, wenn du willst!») reagieren, dürfen sich nicht wundern, wenn sie mit ihren Jungen in kürzester Zeit in einen Machtkampf verwickelt sind.

«Wenn ich meinem Sohn Hautwaschmittel kaufe, damit er seine Pickel pflegen kann, dann eskaliert die Situation schnell. Neulich hat er mir alles vor die Füße geschmissen. Dabei gebrüllt: ‹Bestehe ich denn für dich nur noch aus Pickeln?!›» Die Haut pubertierender Jungen ist häufig pickelig und unrein. An der Haut des Jungen lassen sich innere und äußere Befindlichkeiten ablesen. Die Haut grenzt nach außen ab und bietet Schutz davor, zu tief ins Innere zu blicken. Eine Haut, die keine Berührung, nicht einmal eine Annäherung erlaubt, signalisiert Abgrenzung und Distanz, ein Bedürfnis nach: «Lasst mich in Ruhe!» Mögen Eltern diese manchmal schroff inszenierten Abgrenzungen auch als lieblos empfinden – für Heranwachsende sind das häufig Schutzmaßnahmen.

Eine weitere Entwicklungsaufgabe in diesem Lebensabschnitt besteht darin, das geistig-seelische, das intellektuelle und soziale Denken neu zu strukturieren. Auch dieser Prozess verläuft keineswegs frei von Widersprüchen.

«Also», fängt der Vater eines fünfzehnjährigen Jungen an, «das muss man erst mal aushalten: Mal ist er komplett vernünftig, dann völlig durchgeknallt. Mal denkt man, du hast es mit einem Einstein zu tun, dann tritt da ein dogmatischer Ajatollah auf!» Er findet in der Gesprächsrunde von Eltern mit pubertierenden Jungen sofort Zustimmung. Eine Mutter: «Gut, ich verstehe, man soll Verständnis für den Jungen aufbringen! Aber das geht mir doch dann und wann komplett ab. Da schreit er mich an, stößt die wildesten Flüche aus», sie schüttelt den Kopf, «und am Abend kommt er auf den Schoß gekrochen, schnurrt wie ein liebestoller Kater. Fehlt nur noch, dass ich ihm die Flasche geben soll!»

Die Irritation vieler Eltern, wenn der Junge in der Vorpubertät beginnt, Gewohntes über Bord zu schmeißen, ist nur zu verständlich, alldieweil solche Phasen mit heftigen Gefühlskrisen einhergehen, mit Zorn und Wut, mit Trauer und Tränen. Doch sind Krisen Zeichen für eine Auseinandersetzung, die der heranwachsende Junge mit sich und der Welt führen muss. Gerade in dieser Zeit braucht er Begleitung und Unterstützung und nicht etwa elterliche Besserwisser oder unsensible Scharfmacher.

Typisch für die Umbruchphasen sind ein überzogener Egozentrismus und erhöhter Narzissmus. Heranwachsende Jungen beziehen alles auf sich, sehen nur sich, lassen anderes und andere nicht gelten:

- Eine geringe Kompromissfähigkeit geht mit einem dogmatischen und polaren Denken einher.

- Größenphantasien treten ebenso auf wie Wünsche danach, in frühkindliche Formen von Bedürfnisbefriedigung (z. B. Kuscheln) zurückzukehren.

- Eine verstärkte Wendung nach innen, Selbstzweifel, Minderwertigkeitsgefühle, Zukunftsängste und Weltschmerz machen sich bemerkbar.

Durch dieses Tal der Tränen muss der heranwachsende Junge hindurch. Beim Aufbau einer eigenen Identität ist der Weg das Ziel. Alles ist im Fluss. Ein neues Selbstkonzept gibt es nicht umsonst. Wie ein Märchenheld am Ende seiner Reise wird auch der Pubertierende gestärkt heimkommen: Es gibt Kraft, Krisen ausgehalten zu haben. Nur so gewinnt man Zutrauen, neue Freude am Leben.

Die produktive Auseinandersetzung mit den Eltern ist für Heranwachsende immens wichtig. Er setzt sich nicht allein von den Eltern ab, er setzt sich mit ihnen auseinander, ohne die emotionale Bindung völlig aufzugeben.

So paradox es klingt: Die Ablehnung und Herabsetzung der Eltern, die manchmal gemein ist und wehtut, probieren Jungen nur dann, wenn es ein Urvertrauen zwischen ihnen und den Eltern gibt, ein Band, das Spielraum ebenso zulässt wie starke Anspannung aushält.

Doch nicht immer wenden sich Jungen nach außen. Manch ein geheimnisvoller Blick geht nach innen. Die Pubertät ist auch die Zeit des Tagebuchs, in dessen Mittelpunkt Selbstreflexionen stehen, in dem Größenphantasien zum Ausdruck kommen.

Da heißt es in einem Tagebuchausschnitt des dreizehnjährigen Max: «Ich bin der jüngste Olympiasieger im 400-m-Lauf. Ich laufe allen davon. Die Zeitungen schreiben von meinen langen Beinen, meinem großartigen Stil zu laufen. Sie beschreiben meinen Körper als von Michelangelo gemalt. Keiner hat gegen meinen Lauf eine Chance. Ich laufe und laufe und laufe. Ich laufe für die Ewigkeit. Ich laufe der Sonne entgegen. Die Menschen stehen auf und jubeln mir zu. Und dann kommt Katja, die küsst mich. Sie sagt, sie liebt mich. Nur mich. Ich sei ein Gott für sie. Sie bewundert meinen Körper. Ich bin der Größte. Alle Welt redet nur von mir.»

Jungen lernen im Verlauf der Pubertät das egozentrische Denken aufzugeben, sie müssen lernen, sich in andere Menschen hineinzuversetzen und realistische Ideen zu konzipieren.

Zunehmend verfügen die Jungen über kritisch-analytische Fähigkeiten, und diese setzen sie in den Auseinandersetzungen mit den Erwachsenen ein. Widersprüche in deren Argumentation werden aufgedeckt. Die Kompetenzen von Erwachsenen werden hinterfragt.

Die theoretisch-abstrakte Annäherung an die Realität bringt auch Probleme mit sich: Vieles wirkt auf den Jungen bedrohlich, die Zukunft erscheint wie ein schwarzes Loch. Resignation und Selbstzweifel entstehen genauso wie Wünsche nach Vereinfachung.

Um sich den Herausforderungen, die die körperlichen und seelischen Wachstumsschübe mit sich bringen, stellen zu können, brauchen Jungen das Gefühl, gefühlsmäßig aufgehoben zu sein. Eltern allein genügen nun nicht mehr diesen Ansprüchen. Der Kontakt zu Gleichaltrigen wird unverzichtbar. Viele Eltern sehen dies mit Skepsis und Unbehagen und betrachten die Freunde ihrer Kinder geradezu als unbequeme Gegenspieler.

Die Rolle der Eltern

«Da bemüht man sich um eine gesunde Lebensweise – und dies über Jahre hinweg. Und dann hat er nun Freunde, die McDonald's und Fastfood als Inbegriff der Esskultur empfinden. Fürchterlich. Da denkt man, alles sei umsonst gewesen!»

«Und jetzt säuft er, raucht er ... Wir haben das nie gemacht, sind mit gutem Beispiel vorangegangen. Da hat man doch keine Macht mehr. Das entgleitet einem.»

Die Hinwendung zu Gleichaltrigen und die Abgrenzung von den Eltern gehen Hand in Hand. Freundschaften sind eine wichtige Station auf dem Weg in die Eigenständigkeit. Nur auf einem sicheren emotionalen Fundament ist die vorbehaltlose Hinwendung zu Freunden möglich. Zweifellos kann eine Clique Streit innerhalb einer Familie auslösen oder verstärken.

Wenn Jungen nicht mehr alles mit Vater und Mutter bereden und die Offenheit sinkt, stellt das kein Misstrauensvotum gegenüber den Eltern dar. Heranwachsende betrachten sich als eigenständige Personen, die sich ihre Partner aussuchen. So bereden sie Dinge des Alltags, des Konsums, der Freizeit und der Medien häufig mit Gleichaltrigen, denn nicht zu Unrecht haben sie bei den Eltern doch das Gefühl, sie würden kontrollierend eingreifen.

Demgegenüber stehen Eltern bei Zukunftsangelegenheiten, bei Diskussionen über ethisch-moralische Fragen hoch im Kurs. Gelassenheit ist angesagt, wenn es um Freundschaften geht, die man nicht mit gleichgültigem Gewährenlassen verwechseln sollte. Ein Verbot, bestimmte Freunde aufzusuchen, macht diese nur wichtiger und führt nahezu zwangsläufig zu Heimlichkeiten.

«Aber darf ich denn gar nichts mehr sagen? Muss ich denn alles klaglos hinnehmen? Jeden Mist, den die Freunde sagen, akzeptieren?», fragt ein Vater.

Verständnis für die Freunde aufzubringen bedeutet nicht, alles, was diese tun und sagen, zu akzeptieren. Eltern sind gefordert, ihre Meinung zu artikulieren, müssen sich dabei aber auch im Klaren darüber sein, dass sie mögliche Kontakte nicht unterbinden können. Umgekehrt müssen heranwachsende Jungen sehr wohl aushalten, was ihre Eltern über die Freunde denken.

Deshalb: Machen Sie keine Stimmung gegen die Freunde Ihres Kindes, aber äußern Sie Ihre Sorgen und Ängste! Vertreten Sie Ihre Meinung! Doch vertrauen Sie auch auf das gefühlsmäßige Band, das Sie mit Ihrem Jungen vereint. Freundschaften sind ein bedeutsames Experimentierfeld für eigenständiges Verhalten. Sie bedeuten eine Gegenwelt zum familiären Rahmen, in der man elterliche Ansichten, Werte und Normen unterlaufen kann.

Gleichaltrige

«Ich kann mit Freunden einfach besser ablachen», erklärt Manuel, 15 Jahre, «meine Eltern nehmen alles so ernst!»

«Meine Freunde sind einfach näher dran. Meine Eltern geben sich zwar viel Mühe, aber übers Kiffen kann ich beispielsweise mit denen gar nicht reden», meint Robert, 16 Jahre, «die kriegen einen Herzinfarkt.»

Im Kontakt mit Gleichaltrigen können Jungen Kompetenzen zeigen, Verantwortung übernehmen und Anerkennung erhalten. Man kann sich an Gleichaltrigen messen, in der Auseinandersetzung mit Freunden behaupten. Jungen müssen sich durchsetzen, manchmal Führungsaufgaben übernehmen, dann wieder die zweite Geige spielen, mithin verschiedene Rollen einnehmen.

Freundschaften sind für die Entwicklung nur dann problematisch, wenn sie Eigenständigkeit verhindern und in neue Abhängigkeit führen. Dies betrifft insbesondere überbehütete Jungen, die nicht selten aus einer Abhängigkeit in eine nächste geraten. Für emotional verwahrloste Jungen kann die Clique zum Familienersatz werden.

Die Pubertät ist eine Zeit des Experimentierens mit Wertvorstellungen und Haltungen. Jungen suchen nach eigenen Werten. Sie äußern dabei nicht selten Extremes, schockieren und provozieren etwa ihre Eltern mit Gewalt verherrlichenden, menschenverachtenden Meinungen. Sie inszenieren ihr Anderssein am Körper, attackieren ihre Eltern als Spießer und Kleinbürger. Viele Mütter und Väter haben manchmal den Eindruck, ihre ganzen Erziehungsbemühungen seien umsonst gewesen. Doch gemach: Um zu einer bewussten Sicht auf die Wirklichkeit zu gelangen, müssen sich Heranwachsende in das Land des Grauens begeben und sich einen Begriff des Bösen machen. Wer nur die Harmonie, das Gute kennen lernt, bleibt ein armer Mensch, der irgendwann spürt, ihm sei etwas vorenthalten worden.

Bevor es zu einer Neuorientierung des Ichs kommt, müssen Jungen manche Irrwege, Sackgassen und Umleitungen durchwandern. Denn die Bildung eines Ichs, einer eigenen Identität vollzieht sich nicht geradlinig. Veränderungen bringen für alle Beteiligten große Anstrengungen mit sich: Manche Eltern zweifeln am Verstand ihrer Jungen, befürchten für die Zukunft das Übelste. Manche Jungen leiden still vor sich hin, andere stellen geschminkt und grell ihr Leid öffentlich dar. Die Freiheiten, die Jungen heute erleben, bringen nicht nur Segnungen, sondern auch Widersprüche mit sich. Einerseits kann man eine frühere körperliche Reifung bei Jungen, ja eine rapide Beschleunigung der Entwicklung feststellen. Andererseits bedeuten längere Ausbildungszeiten in Schule und Beruf eine zunehmende Abhängigkeit von der Familie. Innere Unabhängigkeit und äußere Abhängigkeit bringen eine bestimmte Spannung mit sich: Heranwachsende Jungen können häufig nicht so, wie sie möchten, müssen Persönlichkeitsanteile unterdrücken, was sich nicht selten in psychosomatischen Beschwerden ausdrückt. Kopf- und Rückenschmerzen, Kreislaufprobleme, Nervosität und Konzentrationsstörungen nehmen zu. Psychosomatische Beschwerden in der Pubertät sind auch ein Ausdruck von Spannungen, die sich aus den Widersprüchen des Ablösungsprozesses ergeben.

Was Eltern tun können

Es ist nicht leicht, Jungen bei der Bewältigung ihrer Entwicklungsaufgaben zu unterstützen. Wenn Eltern sich als Begleiter verstehen, sollten sie einige Grundsätze beherzigen:

- Halten Sie sich als Gesprächspartner bereit. Nicht jeder Junge nimmt allerdings Ihr gut gemeintes Angebot an. Reagieren Sie dann nicht beleidigt oder empfinden das als Zurückweisung. Halten Sie keine Vorträge, sondern achten Sie auf die Fragen, die Ihnen gestellt werden. Vor allem: Geben Sie Informationen, damit der Junge selber seine körperlichen Veränderungen einschätzen kann.
- Seelische Veränderungen gehen mit körperlichen Entwicklungsprozessen einher. Hier ist Verständnis angebracht. Deuten Sie Stimmungsschwankungen, Rückzug oder gemeine Verhaltensweisen nicht automatisch als gegen Sie gerichtet. Wenn Ihr Junge eine Auszeit wünscht, so gewähren Sie ihm diese. Bedenken Sie auch: Hinter Kraftmeierei

versteckt sich manchmal der Wunsch nach Nähe. Auch pubertierende Jungen haben kleinkindhafte Kuschelbedürf-
nisse.

- Jeder Junge hat ein eigenes Tempo, mit dem er die Pubertät
  durchläuft – einige starten zu früh, andere spät, einige halten überall, nehmen alles mit, was am Wegesrand mitzuneh-
  men ist. Manche fahren im ICE-Tempo, manche bewegen
  sich wie eine Schnecke und wieder andere gehen nicht nur
  vorwärts, sie bleiben stehen, um zu schauen, woher sie gekommen sind.

Denken Sie daran, die Meinung der Eltern ist für Jungen äußerst bedeutsam. Bleiben Sie gesprächsbereit. Eltern leben
Kindern ein persönliches Modell vor. Sie vermitteln ihnen z. B.
eine Einstellung zur Sexualität, zu ethischen Normen und Werten. Sie können Ihre heranwachsenden Jungen bei Planungen
unterstützen, wobei ihnen letztlich die eigenständige Entscheidung überlassen werden sollte. Eltern werden dann gesucht,
wenn sie nach dem Grundsatz handeln: «Hilf mir, aber zeig mir
nicht, dass du hilfst!»

Jungen, die schon in jüngeren Jahren Mitverantwortung tragen, die eigenständig und selbstbewusst leben, lösen Entwicklungsaufgaben selbstverantwortlicher, mutiger und getragen
von einem Urvertrauen. Weil sie durch häufige Erfolgserlebnis-
se ermutigt worden sind, scheuen sie auch vor neuen Aufgaben
nicht zurück, sondern betrachten diese als Herausforderung.

Gefühle – ein schwieriges Kapitel

Für den siebenjährigen Daniel ist jede Pause eine Feuerprobe.
Der eine Teil seiner Klassenkameraden unterhält sich auf dem

Schulhof. Die anderen spielen Fußball. Daniel gehört weder zu der einen noch zu der anderen Gruppe. Da er selber gerne kickt, versucht er immer wieder, in der zweiten Gruppe Anschluss zu finden – bis er wenigstens als Schiedsrichter akzeptiert ist. Dann äußert er den heftigen Wunsch, doch nun richtig mitspielen zu dürfen. «Nein, das darfst du nicht», befiehlt Gabriel, der Forscheste von allen. Eine Weile geht es hin und her, bis Daniel Gabriel eine Backpfeife verpasst und wegrennt. Gabriel läuft hinter ihm her, aber Daniel ist schneller. Dann fängt er an zu heulen. Noch immer weinend, geht er ins Klassenzimmer. Die Lehrerin sieht ihn und fragt, was los sei. Daniel erzählt es, die Lehrerin führt ein kurzes Gespräch mit der ganzen Klasse. Sein bester Freund berichtet seiner Mutter: «Mama, ich verstehe nicht, warum der Daniel weint.» In den darauf folgenden Wochen wird Daniel immer wieder vom Spielen ausgeschlossen. Am Anfang erzählt er seiner Mutter davon, dann spricht er kaum noch darüber. Nicht weil er jetzt mitspielen darf, sondern weil er nicht mehr darüber reden möchte. Er will weder sich noch den anderen eingestehen, dass sie ihn verletzen können.

Der zweiundzwanzigjährige Andreas arbeitet als Horterzieher und hat nach Ansicht seiner Chefin große Schwierigkeiten, sich emotional auf die Kinder einzulassen. Daher schickt sie ihn in die Beratung – und der Eindruck bestätigt sich. Er wirkt distanziert und zugeknöpft. Doch wenn er mit den Jungen in seiner Gruppe herumtobt, blüht er richtig auf. Angesprochen auf diese Beobachtung, reagiert er zunächst sehr verunsichert, doch nicht überrascht. «Ich fühle mich ein bisschen ertappt. Das war natürlich schon so, als ich klein war. Auch jetzt fällt es mir schwer, das einzugestehen. Denn bei uns zu Hause wurde über Gefühle nicht gesprochen.»

Andreas wird nachdenklich: «Mit meinem Vater schon gar nicht. Den habe ich nur traurig erlebt. Es musste alles funktionieren. Ich auch. Ich kann mich nicht daran erinnern, dass er mich je in den Arm genommen hat. Ein Knuff oder ein Stups auf den Oberarm, das war schon der Höhepunkt der Zärtlichkeit.»

Auch heute, als Erwachsener, redet Andreas kaum und wenn, dann nur ungern und beklommen über Gefühle. «Mit meiner Mutter», so erzählt er weiter, «war das übrigens auch nicht anders. Sie mochte zwar, wenn ich mich ankuschelte und zu ihr auf den Schoß kroch. Und sie tröstete mich, wenn ich traurig war. Aber wehe, wenn ich mal zornig oder wütend wurde und so richtig ausflippte. Dann stand sie völlig hilflos daneben. Prompt kriegte ich in solchen Situationen zu hören: ‹Du bist ja schon genauso wie dein Vater.›»

Mittlerweile leidet Andreas darunter, als so introvertiert zu gelten. Er möchte so sein wie sein gleichaltriger Kollege Stephan, der als Sunnyboy durch die Welt läuft. Stephan findet schnell Kontakt zu den Kindern, lässt sich auf sie ein. «Stephan hatte eine ganz andere Familie als ich. Aber seine Eltern kann man sich nun mal nicht aussuchen.»

Lebensgeschichtliche Prägungen schlagen sich im Erziehungsstil nieder. So nimmt es nicht wunder, dass Andreas noch als Erwachsener in seinem Beruf Probleme hat, über Gefühle zu sprechen und eine emotionale Kommunikation zu anderen aufzubauen.

Seine Eltern agierten nicht untypisch: Mütter wie Väter lassen sich oft von der Maske aus Extrovertiertheit und Action täuschen. Sie deuten das Verhalten ihrer Söhne so, als wollten sie nicht über Gefühle sprechen. Doch hinter der Fassade gibt es ein emotionales Mitteilungsbedürfnis.

Jungen reden anders über Gefühle als Mädchen, und sie tun es seltener. Das war zwar schon immer so, aber es soll nicht so bleiben. Denn wir Erwachsenen sind dafür verantwortlich, wenn Jungen nicht lernen, ihre eigenen Gefühle und die anderer wahrzunehmen und darüber zu sprechen. Die Ergebnisse einer Erziehung, die Gefühle nicht genügend berücksichtigt, sind schon in Kapitel 2 dieses Buches ausführlich beschrieben worden: Probleme in der Familie, mit Freunden, in der Schule, am Arbeitsplatz bis zu Auswirkungen auf die Gesundheit.

Gefühle sind das entscheidende Thema bei der Erziehung von Jungen. Ob Eltern oder Pädagogen, wir alle müssen ein anderes Bild von Jungen entwickeln, in dem Sensibilität für die eigenen Gefühle eine große Rolle spielt. Es geht darum, Emotionen auszudrücken und zu reflektieren, Einfühlsamkeit und Rücksichtnahme auf andere zu entwickeln. Der starke Junge von heute ist also ein ganz anderer als der früherer Generationen. Es wird mehr von ihm verlangt. Doch es tut ihm und seiner Umwelt gut.

Dabei müssen Widerstände überwunden werden. Nach wie vor gilt es, sich mit der traditionellen Geschlechterrollenverteilung auseinander zu setzen, die sich seit den 70er Jahren durch die Frauenbewegung stark verändert hat. Überdies haben Jungen es nicht leicht mit den biologischen Voraussetzungen, die nicht unwesentlich dafür verantwortlich sind, dass bei ihnen die Motorik und ein gewisses Großmannsgehabe im Vordergrund stehen. Selbst wenn Jungen über Gefühle sprechen, tun sie das zumeist mit weniger Gefühlsbeteiligung als Mädchen.

Änderungen des traditionellen Jungenverhaltens sind möglich, Biologie ist kein Schicksal. Eltern müssen ein anderes Bild von ihrem Jungen entwickeln, und sie sollten ihren Söhnen eine Art der Kommunikation beibringen, die man «emotionalen Dialog» nennen kann, einen Dialog also, der Gefühlsausdruck und Einfühlsamkeit gleichermaßen beinhaltet.

Um einen Begriff aus der Soziologie zu verwenden, könnte man von einem zweistimmigen oder beziehungsorientierten Dialog sprechen. Gemeint sind Gespräche, bei denen auch der andere zu Wort kommt, bei denen sich beide auch mit ihren Gefühlen wahrnehmen, bei denen beide auch auf die Körpersprache des anderen achten.

Diese Form des Dialogs praktizieren bislang eher Mädchen, und zwar auch dann, wenn ihre Eltern sie nicht bewusst dazu anhalten.

Doch Jungen müssen diese Art des Miteinandersprechens und gegenseitigen Wahrnehmens lernen. Sie ist bedeutsam für den Umgang von Kindern miteinander, von Eltern und Kind, vom pubertierenden Jungen mit einer Freundin und später vom erwachsenen Mann mit einer Partnerin. Viele Schwierigkeiten von jugendlichen Jungen mit Mädchen und von Männern mit Frauen begründen sich in der anderen Art des Sprechens. Mädchen und Frauen fühlen sich von der dominanten, auf Selbstdarstellung bedachten, konfliktreichen, die Beziehung nicht beachtenden Gesprächsführung von Jungen und Männern brüskiert und vor allem nicht verstanden. Die richtige Art, sich mitzuteilen und andere wahrzunehmen, wirkt somit nicht nur auf das Zusammenleben einer Familie, sondern auch auf die spätere private und berufliche Laufbahn eines Jungen aus.

Ein anderes Jungenbild entwickeln

Nur wenn Eltern sich darüber im Klaren sind, in welche Richtung ihre Erziehung gehen soll, können sie das auch vermitteln. Es gibt im Alltag viele Situationen, in denen Eltern ihre Haltung unbewusst weitergeben. Überlegen Sie, welche Eigenschaften Sie sich für Ihren Sohn wünschen. Welche Rolle spielt darin die Sensibilität für die eigenen Gefühle? Wie wichtig sind Einfühlsamkeit, Rücksichtnahme und Gleichberechtigung?

Väter und Mütter erwarten immer noch verschiedene Verhaltensweisen von ihren Söhnen. Mütter treten mit recht ähnlichen Erwartungen an Jungen und Mädchen heran, während Väter stärker differenzieren. Mütter tolerieren und begrüßen «weibliche» Verhaltensweisen ihrer Söhne, Väter lehnen sie viel öfter ab. Besonders weibliche Mädchen werden etwa von ihren

Vätern deshalb bewundert, weil sie hübsche Kleider tragen und niedlich aussehen. Analog dazu behandeln Väter Söhne anders, nämlich strenger, autoritärer, weniger gefühlsbetont. «Ein Junge weint nicht» – dieser Spruch ist noch lange nicht ad acta gelegt.

Eltern sollten sich diese problematische Haltung immer wieder bewusst machen. Und wenn Sie das nächste Mal ihren weinenden kleinen Jungen auf dem Arm halten, dem sein aufgestoßenes Knie wehtut, dann sollten Sie sich den berühmten Satz verkneifen und Ihren Sohn einfach nur trösten. Schwieriger wird die emotionale Unterstützung eines Jungen, wenn er sich in Jungengruppen bewegt, sei es im Kindergarten oder in der Schule.

Noch ganz genau erinnert sich Sylvia Timm, Mutter des achtjährigen Daniel, an folgende Situation: Ihr Sohn möchte nicht in den Kindergarten, er weint. Sie nimmt ihn dennoch mit. Daniel verkriecht sich in eine Ecke, als er seine Jacke an die Garderobe hängen soll: «Die anderen sollen nicht sehen, dass ich geweint habe.» Denn sie würden ihn auslachen.

Als Schüler verstärkt sich der soziale Druck. Jungen setzen sich eine Schutzmaske auf, wie es der Psychologe William F. Pollack beschreibt. Er zitiert einen Jungen: «Es ist, als trüge ich eine Maske. Selbst wenn mir die Kinder Schimpfnamen nachrufen und mich verspotten, zeige ich ihnen nicht, wie sehr mich das trifft.» Der Junge war mehrere Wochen lang gemobbt worden. Anderen Jungen gelingt diese Maskerade nicht mehr, sie weinen, wenn sie geärgert, gejagt, ausgeschlossen, erpresst werden. Und damit können die anderen gar nicht mehr umgehen. Es provoziert sie nur dazu, weiterzumachen. Falls Ihr Sohn Opfer in seiner Klasse sein sollte: Versuchen Sie, mit ihm darüber zu reden. Mobbing funktioniert nur in der Anonymität. Die Vorfälle müssen Thema der Klasse werden, die Anführer müssen benannt werden. Und Lehrer sollten Konfliktlösungsstrategien vermitteln.

Sensibilität für die eigenen Gefühle

Der nächste Schritt besteht darin, es dem Jungen zu ermöglichen, seine eigenen Gefühle auszudrücken. Und zwar nicht nur als Baby, sondern auch als Kleinkind, als Kind und als Jugendlicher. Denn je älter Jungen werden, darüber sind sich die Wissenschaftler einig, desto weniger zeigen sie ihre Gefühle. Nicht, dass sie keine mehr haben. Aber sie werden verdrängt, verbogen, hinter Coolness und Großmannsgehabe verborgen. Je mehr Unnahbarkeit ein Junge zeigt, desto stärker brodelt es in ihm. Hinter ihrer Maske verstecken Jungen Angst und Unsicherheit, Schwäche und Empfindlichkeit. Zum Problem wird das für den Jungen nicht nur im Umgang mit seiner Umwelt, sondern auch im Umgang mit sich selbst. Irgendwann verliert er den Zugang zu seinen eigenen Gefühlen, er kann sie gar nicht mehr wahrnehmen und schon gar nicht ausdrücken. Er «verliert seine Stimme», d. h. einen gewichtigen Teil seines eigenen Selbst, den Teil, der ihm anzeigt: «Ich fühle.» (So wie Mädchen in der Pubertät ihre Stimme verlieren, und zwar die Stimme, die sagt: «Ich bin, ich möchte, ich weiß.»)

Die Aufgabe von Eltern ist es, ihrem Sohn diese «Stimme» erhalten zu helfen, gegen alle Widerstände, insbesondere gegen die von anderen Jungen. Dazu müssen Eltern ihrem Sohn «erlauben», seine Gefühle auszudrücken. Und zwar alle, sowohl positive als auch negative. So wie ein Baby schreit und lächelt, so äußert sich auch ein Kleinkind mit Brüllen und Lachen. So sollte es als Schulkind weitergehen. Eltern haben jedoch meist große Schwierigkeiten damit, negative Gefühle ihres Kindes zuzulassen. Weil sie sich hilflos fühlen, weil sie selber nicht gelernt haben, mit Wut und Frustrationen umzugehen. Eltern müssen unterscheiden lernen, ob die negativen Gefühle gegen sie selber gerichtet sind oder einen Unmut des Jungen ausdrücken. Ein Beispiel: Manolito stellt seine Eltern häufig auf die Probe: Nicht selten kommt er mit schlechter Laune aus der Schule, nörgelt am Essen herum, piesackt seine Schwester. Und zwar ohne dass irgendeines der anderen Familienmitglieder einen Anlass für seine Meckerei geliefert hat. Seine Mutter schickt ihn dann auf sein Zimmer, verordnet ihm eine Auszeit. Und geht dann zu ihm, um mit ihm zu sprechen.

«Du bist sauer, weil die anderen dich geärgert haben, stimmt's?»

«Ja», kommt die Antwort.

«Was ist passiert?»

Manolito erzählt. Die Mutter fragt genau nach: «Wie hast du dich gefühlt? Warst du wütend oder traurig? Hast du ihnen gesagt, dass sie dich in Ruhe lassen sollen?»

Gemeinsam mit ihrem Sohn überlegt sie, wie er sich verhalten kann. Würde die Mutter seine schlechte Laune einfach ignorieren oder versuchen zu unterbinden, würde sie ihren Sohn nicht ernst nehmen. Er würde lernen, diese Gefühle über die Vorfälle zu verdrängen. Und vielleicht würde er sich irgendwann nicht mehr so sehr ärgern. Dann hätte er sich eine Maske zugelegt.

Aber auch positive Gefühle sollten Eltern unterstützen, so wie Peter Brockert. Kürzlich kam sein Sohn Christian zu ihm: «Papa, ich muss dir was sagen. Aber ich trau mich nicht.»

«Darf ich mal tippen? Geht es um Sophie?», fragte sein Vater.

«Ich will jetzt nichts sagen.» Stunden später, Christians Schwester Sarah war bereits im Bett, kam er zu seinem Papa aufs Sofa gekrochen.

«Papa, ich mag die Sophie ganz gern.»

«Hab ich Recht gehabt mit meinem Tipp ... Hast du jetzt Angst, dass die anderen dich hänseln?»

Christian nickt. «Das ist doch was Tolles, wenn man sich mag», erklärt sein Vater. «Später kannst du mit jemandem, den du magst, zusammenleben oder etwas unternehmen. Genieße das Gefühl und sei stolz darauf.»

Lassen Sie alle Seiten Ihres Sohnes zu, starke und schwache. Gestehen Sie ihm Wut, Schmerz, Lieblosigkeit und Trauer genauso zu wie Freude, Zuneigung, Liebhaben und Begeisterung. Denken Sie daran: Nur wer alle eigenen Gefühle ausdrücken darf, kann lernen, so zu agieren, dass er andere nicht verletzt.

Einfühlsamkeit, Rücksichtnahme und Gleichberechtigung

Die Hinwendung zu anderen, die Wahrnehmung ihrer Gefühle und der richtige Umgang damit sind wichtig. Dafür müssen Jungen Zuhören und Einfühlsamkeit lernen. Das Modell dafür ist der Umgang von Eltern mit ihrem Kind.

Das Zuhören als Weg zur Einfühlsamkeit

Vielleicht wundern Sie sich, dass das Zuhören an erster Stelle steht. Und dass es zunächst um das Zuhören der Eltern geht. Doch nur, wenn ein Kind erlebt hat, dass seine Eltern ihm genau zugehört, sich in es eingefühlt haben, kann es das später auch tun. Die meisten Eltern beherrschen das genaue Zuhören schon nach kurzer Zeit. Sie reagieren auf das Schreien des Babys und wissen auch nach einigen Wochen recht genau, wonach das Baby verlangt. Die meisten Eltern sprechen mit ihrem Säugling, wenn sie sich um ihn kümmern. Dabei fassen sie das, was sie mit dem Baby machen und was sie glauben, was das Baby will, in Worte. Denken Sie an folgende Situation: Die kleine Sabrina schreit. Der Vater geht zu ihr hin, nimmt sie auf. «Hast du Hunger?», fragt er sie. Natürlich antwortet Sabrina nicht, aber sie schaut ihren Vater genau an. «Ich glaube, du hast Hunger», sagt er weiter und geht mit Sabrina zur Mutter, die sie stillt. «Bist du satt?», fragt die Mutter. Wieder keine Antwort, aber Sabrina schläft auf dem Arm der Mutter ein.

Begleiten Sie Ihr Baby und Ihr Kleinkind bei allem mit Worten. Ein Kind lernt auf diese Weise nicht nur zu sprechen, Eltern sind für es überhaupt ein Spiegel. Nur indem die Eltern ein Tun beschreiben, begreift das Kind, was geschieht, und kann es später auch selber in Worte fassen. Was in diesem Zusammenhang wichtig ist: Beschreiben Sie auch emotionale Vorgänge, dafür gibt es im Alltag mit einem Kind viele Situationen. Ein Beispiel: Der zweijährige Manuel weigert sich partout, die Treppe runterzugehen, weil seine Mutter ihn mit zum Einkaufen nehmen will. Er brüllt wie am Spieß. Die Mutter redet geduldig auf ihn ein. Sie versucht, ihn an der Hand zu nehmen, aber Manuel hält sich am Türrahmen fest. Die Mutter wird ungeduldiger, sie fängt an zu schimpfen, wird lauter. Manuel schreit. Die Mutter geht die Treppe hinunter und wartet unten auf ihn. Recht lange. Nach zehn Minuten kommt Manuel heulend die Treppe herunter, er dachte, seine Mutter sei ohne ihn weggegangen. Als sie vom Einkaufen zurückkommen, schauen sie gemeinsam ein Bilderbuch an. Da geht es um ein Trotzkind, das partout nicht mit zum Einkaufen gehen will. Die Mutter beschreibt, was sie sieht. Sie erklärt, dass das Kind keine Lust hat, sich von der Mutter bestimmen zu lassen, sie zeigt aber auch, wie traurig und wütend die Mutter ist.

Manuels Mutter hat ihrem Sohn erklärt, was er fühlt, es ist ihr gelungen, sich in seine Gefühlswelt zu begeben – was manchmal nicht einfach ist. Aber ohne solche Erfahrungen wird Manuel später nicht in der Lage sein, zu beschreiben, wenn er wütend ist. Er wird brüllen, weglaufen oder draufschlagen, seine Umwelt aber wird von ihm verlangen, dass er sich vernünftig und nicht mit Fäusten artikuliert.

Es ist nicht einfach, Kindern das Zuhören zu lehren, gerade für Väter ist das eine doppelte Aufgabe. Sie selber haben es noch nicht gelernt, in ihrer Kindheit waren noch Selbstdarstellung und Imponiergehabe bei Jungen ein Erziehungsziel. Da hatte

Zuhören keinen Platz. Die Väter müssen also selbst zuhören lernen und es dann auch noch praktizieren!

Zuhören ist ein gegenseitiger Prozess, und je älter ein Kind wird, desto eher können Eltern von ihm erwarten, dass es auch den Erwachsenen zuhört. Um das bewusste Zuhören zu trainieren, das über das normale Miteinandersprechen hinausgeht, gibt es eine wirkungsvolle Methode: das Erzählen oder das Vorlesen. Kinder können nachfragen, man kann Stellen noch einmal lesen, und man kann unterbrechen. Beim Erzählen und Vorlesen entsteht eine Situation des emotionalen Zugewandtseins: Viele Kinder kuscheln beim Zuhören, sie spüren, hier passiert etwas Schönes für sie.

Richtiges Zuhören ist eine Voraussetzung, sich auf einen anderen Menschen einzulassen. Wenn Eltern ihrem Kind zuhören, leben sie ihm Einfühlsamkeit vor. Und nur wenn ein Kind erfahren hat, dass seine Eltern ihm zugehört haben, kann es sich später selber in die Gefühlswelt anderer begeben. Der Weg dorthin sind Gespräche, Gespräche und nochmals Gespräche.

Schaffen Sie Situationen fürs Zuhören. Nehmen Sie sich bewusst Zeit dafür. Das können zehn Minuten jeden Tag sein, vielleicht mittags nach dem Kindergarten oder nach der Schule. Oder kurz vor dem Ins-Bett-Gehen. Suchen Sie sich Nischen im Alltag. Wenn möglich, machen Sie ein Ritual daraus. Fragen Sie Ihr Kind, was es heute sehr beschäftigt hat. Hören Sie genau zu und artikulieren Sie vielleicht deutlicher, als es Ihr Kind vermag, was es empfunden hat. Fassen Sie seine Gefühle in Form von Fragen zusammen. Man nennt das «aktives Zuhören». Und versuchen Sie, auch etwas von sich zu erzählen. Je älter Ihr Sohn wird, desto besser sollte das funktionieren.

Ist Ihr Sohn schon im Grundschulalter, können Sie einen so genannten Familienrat einführen. Hierbei vermitteln Sie Ihrem Sohn nicht nur das Zuhören, sondern hier muss er es selber tun. Alle Familienmitglieder äußern Wünsche und Beschwerden. Nutzen Sie dabei eine Erkenntnis aus der modernen Paartherapie: Die anderen dürfen nichts sagen, nichts kommentieren, nichts verurteilen, aber auch nichts bestätigen. Alle Zuhörer müssen auch wirklich zuhören, und zwar entweder so lange, bis der Redner fertig ist, oder für eine bestimmte, vorher festgelegte Zeitspanne. Erst danach darf über die Vorschläge gesprochen werden, aber das sollte immer wertneutral geschehen.

Ein «emotionales Band» zwischen Eltern und Kind knüpfen

Eine Bilderbuchgeschichte: Ein Streit, worum auch immer, endet damit, dass die Pinguin-Mutter brüllt. Und zwar so sehr, dass das Pinguin-Kind in viele Teile zerrissen wird, die überall auf der Welt verstreut werden. Das Kind möchte sie wieder zusammensuchen, aber es gelingt ihm nicht. Am Abend legt sich ein Schatten über das Kind – es ist die Mutter, die alle Teile eingesammelt und wieder zusammengenäht hat. Sie sagt nur ein Wort, aber es ist das entscheidende: «Entschuldigung.»

Diese Geschichte stammt von Jutta Bauer. In ihrem Buch *Schreimutter* erzählt sie davon, wie die mütterliche Bestrafung auf das Kind wirkt. Denn bei der nächsten «Schreierei» wird die Mutter wissen, was sie für das Kind bedeutet. Und das Kind kann der Mutter signalisieren, dass sie sich nicht so verhalten soll wie beim letzten Streit. Ob das immer funktioniert, darüber kann man nur spekulieren. Aber auf jeden Fall lässt sich anhand des Buches ein Gespräch über das Streiten in Gang setzen.

Dieser Dialog zwischen Mutter und Kind, in dem die Mutter sich entschuldigt und das Kind die Entschuldigung – sicher mit Erleichterung – annimmt und auch die Wiedergutmachungsversuche der Mutter realisiert, lässt beide voneinander lernen. Diese Art von Austausch wird für das Kind zum Modell für das

Verhalten auch anderen Menschen gegenüber. Das ist eine große Verantwortung für den beteiligten Erwachsenen und eine großartige Chance für Eltern und Kind.

Sylvia Glöckler erlebt diese Chance mit ihrem siebenjährigen Sohn Marko. Schon als Einjähriger – er konnte sehr früh sprechen – war er in der Lage, die Stimmung seiner Mutter wahrzunehmen und in Worte zu fassen. «Mama, bist du traurig?», «Mama, freust du dich?» Immer wieder stellte er solche Fragen. So wie die Mutter seine Gefühle gut wahrnehmen konnte. Vor kurzem hatte er in seinem Zimmer ein Restaurant aufgebaut. An der Tür hing ein Schild mit Öffnungszeiten. Markos Mutter wusste, dass dieses Restaurant für ihn eine große Bedeutung hatte. So ließ sie sich auf das Spiel ein, ging täglich dreimal dort essen. Die Mahlzeiten bestanden aus Erdnüssen, Marzipankartoffeln, Wasser oder Orangensaft. Marko strahlte jedes Mal, wenn die Mutter zur Tür hereinkam. Und wenn sie als zufriedener Gast wieder hinausging. «Das macht dir großen Spaß, nicht wahr?», fragte sie Marko einmal. «Ja, das ist ganz toll», antwortete er begeistert.

Marko hat aber noch eine andere Seite. Er liebt Provokationen mit Schimpfwörtern. Sylvia Glöckler ärgert sich darüber, sie kann das nicht ignorieren. Sie wird zur Schreimutter. Dann schickt sie Marko nach oben in sein Zimmer. Aber inzwischen weiß sie ganz genau, wann er in seinem Zimmer sitzt und keinerlei Unrechtsbewusstsein hat und wann sie zu weit gegangen ist und er weint. Dann sitzt er auf seinem Schreibtischstuhl und wartet, obwohl sie nicht angekündigt hat, dass sie kommt. Sie sprechen über den Vorfall, und Marko äußert, was ihm am Verhalten der Mutter nicht gefällt und wehtut. Und er kann auch nachempfinden und ausdrücken, worüber sich die Mutter aufgeregt hat. Dieses Warten des Jungen, das Kommen der Mutter und das anschließende offene und versöhnende Gespräch ist Ergebnis des jahrelangen Dialoges über Gefühle, den beide miteinander führen. Jeder kann anknüpfen an die Erfahrungen und Bitten des anderen. Es gibt ein emotionales Band zwischen ihnen. So entsteht das Vermögen, sich in andere Personen einzufühlen.

Marko liebt alles, was mit der Essenszubereitung zu tun hat, und er deckt gerne den Tisch. Aber nicht nur Teller und Tassen, nein, da muss das gute Geschirr her, es gibt Platzkarten und Kerzen. Das macht er für sich, weil er alles Schöne liebt – und für seine Familie. Denn deren Meinung ist ihm wichtig, er möchte es für alle behaglich machen. «Sieht das nicht wunderbar aus?», fragt er mit einem Strahlen in den Augen, wenn er fertig ist und die anderen ruft. Markos Mutter freut sich über die «weiche» Seite ihres Sohnes, über seine Liebe zu den schönen Dingen. Sie lässt bei ihrem Sohn alles zu, sowohl Trauer als auch Spaß an Dingen, die ehedem eher mit Mädchen assoziiert wurden. Dafür ist sie auch bereit, ihn zur Judoprüfung zu begleiten und zu klatschen. Denn dann hat Marko das gleiche Leuchten in den Augen.

Bei Jugendlichen ist das emotionale Band starken Belastungen ausgesetzt. Karin Ohlhausen erlebt das immer wieder, wenn es um Streitthemen mit ihrem fünfzehnjährigen Sohn Oliver geht. Der Computer führt dabei eindeutig die Liste der Konfliktpunkte an. Viele Monate lang schaute und hörte Karin Ohlhausen zu, wie Oliver ein Gewaltspiel nach dem anderen nach Hause brachte. Vorsichtige Nachfragen ergaben nur: «Lass mich in Ruhe, das spielen alle. Wenn du sie mir wegnehmen willst, dann habe ich nichts mehr, was mich mit meiner Clique verbindet.» Der Grund für die Isolation ihres Sohnes wollte die Mutter nicht sein, so verkniff sie sich weitere Bemerkungen, wenn sie die dumpfen Ballergeräusche aus dem Zimmer Olivers dringen hörte.

Aber die Stunden wurden immer mehr, in denen sie diesem «Terror», wie sie es nannte, ausgesetzt war. Sie sprach mit Oliver darüber, bat ihn, sich Alternativen zu überlegen: andere Spiele, weniger Zeit. Doch Oliver vergaß auch seine eigenen Verbesserungsvorschläge, und er lud darüber hinaus seine Clique ein. Es kam der Zeitpunkt, an dem Karin Ohlhausen die Situation nicht weiter hinnehmen wollte. Denn inzwischen bereitete ihr schon allein das Zuhören Bauchschmerzen. Sie erklärte Oliver klipp und klar: «Ich möchte keine Gewaltspiele mehr im Haus. Ich kann diese Geräusche und das Wissen, dass du dich mit so etwas beschäftigst, nicht mehr aushalten. Ich bestehe darauf, dass du die Spiele abschaffst.» Oliver reagierte mit heftigem Protest, aber die Mutter setzte sich durch. Er verkaufte die Spiele und besorgte sich dafür neue Computerteile. Und es kam, wie er es befürchtet hatte: Seine Clique wollte mit ihm nichts mehr zu tun haben. Denn alle Mitglieder verbrachten ihre Nachmittage weiter mit den Gewaltspielen. Die Mutter, die ihrem Sohn diese Erfahrung eigentlich ersparen wollte, stand dennoch zu ihrer Entscheidung. Allerdings setzte sie sich einige Male mit Oliver und ihrem Mann zusammen. Sie überlegten, welche Alternativen Oliver hatte, seine Freizeit zu nutzen. Die Eltern fragten: Welche Interessen hast du? Welche Talente? Oliver überlegte lange, bis er sich an die Zeit vor den Computerspielen erinnerte. Da hatte er viel Zeit damit verbracht, mit anderen Jungs und Mädchen zusammen Musik zu machen. Er knüpfte erneut Kontakt zu diesen Jugendlichen. Und schon bald gehörte er wieder zu dieser Gruppe. Er hatte seine Begabung, das Singen, wieder aktiviert. Und produzierte jetzt CDs mit seiner Clique. Oliver blühte auf. Karin Ohlhausen hatte geahnt, dass sie ihrem Sohn diese Erfahrung zumuten konnte. Ein bisschen Glück gehörte natürlich auch noch zu diesem positiven Ausgang des Familiendramas.

Selbstverständlich gilt das alles auch für Väter, und zwar für diejenigen, die sich Zeit nehmen für ihre Kinder, die Gespräche zulassen, aber nicht nur über den Baumarkt und das Fußballstadion. Vätern kommt dabei sogar eine überproportional wichtige Bedeutung zu. Zahlreiche Untersuchungen beweisen das. So bewirkt das Zugewandtsein – also das emotionale Sicheinlassen – beim Spiel des Vaters mit dem Kleinkind dessen Partnerschaftlichkeit als Erwachsener. So hängen das emotionale Gleichgewicht und die Leistungsfähigkeit von Jungen im Grundschulalter von der Häufigkeit gemeinsamer Vater-Sohn-Aktivitäten ab. Jungen sind weniger aggressiv und wettbewerbsorientiert und sie können ihre Gefühle wie Verletzlichkeit und Trauer besser ausdrücken, je aktiver die Väter in ihr Leben eingebunden sind.

Familie Brockert ist ein Beispiel für positives Vater-Sohn-Verhalten. Peter Brockert und sein Sohn Christian geben sich regelmäßig Rückmeldung über ihr Verhalten. Vor einigen Wochen kam Christian mit einer Vier im Diktat nach Hause. Er erzählt es beim Mittagessen. Der Vater sagte nichts, aber Christians Schwester stichelte: «Kein Wunder, du übst ja auch nicht.» Christian rannte in sein Zimmer. Der Vater ging ihm nach. Er fragte: «Was war gerade los?» – «Papi, du sagst immer, ich soll üben. Aber ich will nicht so oft üben.» – «Aber wie oft übst du denn?» – «Na ja, eigentlich ziemlich wenig», muss er eingestehen. «Du sollst es aber nicht so oft sagen, Papa.» – «Dann lass uns zwei Tage festlegen, an denen wir zusammen üben. Und dann müssen wir auch nicht dauernd darüber reden.»

Noch eine andere Situation beschäftigte Peter Brockert lange Zeit. Bis er einen Weg fand, mit seinem Sohn darüber zu reden. Christian hatte die Unterschrift unter einer Rechenarbeit gefälscht. Die Lehrerin hatte das bemerkt und die Eltern angerufen. Außerdem sprach sie mit Christian darüber. Zu Hause thematisierte zunächst die Mutter den Vorfall. Und einige Tage später der Vater. Er setzte sich an den Küchentisch, nahm Christian in den Arm und fragte: «Christian, was ist Unrecht?»

«Wenn etwas gestohlen wird. Wenn einer einem anderen wehtut», fiel ihm spontan ein.

«Hast du so etwas schon einmal beobachtet?»

«Ja, beim Fußball, wenn einer einen anderen getreten hat.»

«Ist dir selber auch schon mal Unrecht passiert?», setzte der Vater das Gespräch fort.

«Ja, da bin ich geschlagen worden, auf dem Schulhof. Und einmal hat mich einer ausgelacht.»

«Mir ist vor kurzem auch Unrecht passiert. Und das hat mir sehr wehgetan», begann Peter Brockert vorsichtig auf den Kern der Sache zu kommen.

«Was denn?», will der Junge wissen.

«Da hat jemand meine Unterschrift gefälscht.»

«Ich will aber nicht schon wieder darüber reden», kontert Christian. «Außerdem wollte ich dich schützen.»

«Mich oder dich?»

«Na ja, eigentlich mich. Ich hatte Angst, dass die Lehrerin schimpft. Weil ich doch vergessen hatte, dich oder die Mama unterschreiben zu lassen.»

«Du hast mir damit sehr wehgetan. Weißt du das?» Christian nickt. Er weint. Der Vater tröstet ihn. Und bittet seinen Sohn: «Wenn du mir das nächste Mal eine Arbeit zeigst, lässt du sie mich bitte gleich unterschreiben, okay?»

In der geschützten Atmosphäre auf dem Schoß des Vaters konnte er verstehen, was Wehtun heißt. Es ging nicht um das abstrakte Man-tut-etwas-nicht, sondern um die Gefühle des Vaters und des Sohnes.

Versuchen Sie, alle Seiten Ihres Sohnes zuzulassen, also starke und schwache. Sprechen Sie mit Ihrem Kind über Erlebnisse zwischen Ihnen, positive und negative. Loben Sie, wenn möglich. Aber beschreiben Sie auch deutlich, wenn Ihr Kind Ihnen wehtut, ob im realen oder im übertragenen Sinn.

Ihr Sohn soll lernen, auch Ihre Gefühle wahrzunehmen. Fragen Sie öfter: «Wie hast du dich dabei gefühlt?» Und auch: «Was meinst du, wie es mir dabei gegangen ist?»

Schaffen Sie Situationen, in denen Sie mit Ihrem Sohn solche vertrauensvollen Gespräche führen können. Da sollte möglichst kein Geschwisterkind dabei sein. Je jünger Ihr Sohn ist, desto mehr Körperkontakt sollten Sie herstellen. Nehmen Sie Ihren Sohn in den Arm. Je älter er wird, desto mehr wird der Kontakt über die Augen laufen. Und ist Ihr Sohn bereits im Jugendlichenalter: Warten Sie, bis er von sich aus sprechen möchte. Unternehmen Sie etwas mit ihm.

Andere wahrnehmen und respektieren lernen

Wenn Jungen zuhören und ihre Gefühle ausdrücken können, wenn sie durch ein «emotionales Band» mit ihren Eltern verbunden sind und gelernt haben, wie ihr Verhalten auf die Gefühle anderer wirkt, dann sind sie auch in der Lage, sich in andere Menschen hineinzuversetzen. Kinder lernen auch durch die Betrachtung der Gefühle anderer noch etwas über sich selber.

Julian hatte sich regelmäßig mit einem Freund über die Auswahl von Spielen gestritten, so lange, bis dieser Freund keiner mehr war. Julians Mutter hatte häufig mit ihm darüber gesprochen, ihm klar gemacht, wie es auf andere wirkte, wenn er ihnen nicht entgegenkam, immer seinen Willen durchsetzen wollte, bei Spielen die anderen tyrannisierte. Einige Wochen später saß er mit vor Aufregung roten Wangen am Küchentisch und malte ein Spiel. Akribisch ahmte er «Das Spiel des Lebens» nach, schnitt Geldkärtchen aus und malte Felder. Es klingelte. Sein Freund Mario kam zu Besuch. Die Mutter wusste, dass Julian in diesem Moment vollständig in seiner Welt versunken war und es für Mario schwierig werden würde, ihn dort herauszuholen. Sie schlug vor: «Julian malt gerade ein Spiel. Hilfst du ihm?» – «Gerne.» Mit Begeisterung schrieb nun auch Mario Geldkärtchen und schnitt sie aus, nicht ganz so perfekt, wie Julian es wollte. Er wurde wütend, überlegte eine Weile und murmelte dann in sich hinein: «Nicht so eckig schneiden.» Aber er sagte nichts, wohl wissend, dass er Mario damit wehtun würde. Die Mutter wusste, wie schwer Julian das fiel. Sie lobte ihn: «Das ist aber toll, dass du Mario mitmachen lässt.» Julian strahlte. Als Mario gegangen war, redete sie noch einmal mit ihm darüber.

Auch bei Familie Friedrich fand kürzlich ein Lehrstück in Einfühlung statt. Vater, Mutter und Söhne waren auf einer Geburtstagsfeier in einem Restaurant eingeladen. Die Söhne Max und Jan waren dabei. Während die Erwachsenen drinnen saßen, spielten die beiden auf dem zum Restaurant gehörigen Parkplatz Fangen. Aber nicht nur das, sie bewarfen sich auch mit Steinen aus dem Vorgarten. Ob beabsichtigt oder nicht, ein Auto wurde gründlich verkratzt, der Lackschaden war erheblich. Es gehörte einem Mitarbeiter der Gaststätte, der sich sehr aufregte, denn das Auto war nagelneu – die Eltern gaben ihm Recht, denn ihre Söhne hatten eindeutig Schuld an dem Schaden. Die Haftpflichtversicherung der Eltern bezahlte die Reparatur. Aber damit nicht genug, der Mitarbeiter verlor seine Stelle, denn der Restaurantbesitzer hatte sich über sein Verhalten den Gästen gegenüber sehr geärgert. Die Eltern sprachen lange mit ihren Söhnen darüber, erklärten, was für Folgen ihr Verhalten gehabt hatte. Sie beschrieben, was das für den Mitarbeiter, der selber zwei Kinder hatte, bedeutete: nicht nur den Ärger wegen des Autos, sondern auch den Verlust seines Einkommens. Das hatten Max und Jan nicht gewollt. Sie waren froh, als sie erfuhren, dass der Geschädigte bald eine neue Arbeitsstelle gefunden hatte. Die beiden Jungen waren gezwungen, sich vorzustellen, was der Verlust des Einkommens für die andere Familie bedeutete, sie malten sich aus, was wäre, wenn ihr Vater seine Arbeit verlöre. Der Zugang fand über das Geschehen während der Geburtstagsfeier statt.

Auch das Vorlesen trainiert die Phantasie und das Einfühlungsvermögen. Es entstehen Bilder im Kopf von anderen Menschen und Vorstellungen von Gefühlen anderer Menschen, auf die man sich auch als Kind gut einlassen kann. Sie sind bereits in Worte gefasst, das muss das Kind nicht mehr leisten. Und es lernt so, in andere Rollen zu schlüpfen. Eltern können kaum genauer Beispiele für gutes oder schlechtes, für einfühlsames oder brutales, für freundliches oder bösartiges, für kreatives oder langweiliges Verhalten liefern als über Buchfiguren. Man denke nur an Michel aus Lönneberga, an Pippi Langstrumpf, an das Sams und seinen Vater. Diese Figuren begleiten viele Kinder, und nicht selten sagen sie: «Der ist wie …»

Entscheidend für den Lernprozess ist, dass es in Büchern um andere Menschen geht. Denn es ist wesentlich leichter, zunächst über die positiven und vor allem die negativen Gefühle anderer zu sprechen als über die eigenen.

Auch Grundschulkindern sollten Eltern weiter vorlesen. Denn zum einen beherrschen die Kinder das Lesen umfangreicherer Bücher erst sehr viel später, als sie sie beim Vorlesen verstehen. Und zum anderen bieten Bücher auch bei älteren Kindern großartige Anlässe, um mit anderen zu sprechen.

Der neunjährige Thomas reagiert besonders intensiv auf Buchlektüre. So gibt es in der Geschichte *Vom Klavier, das im Hausflur stecken blieb* einen kleinen Bruder, der ständig mit Schimpfwörtern hantiert – und damit überall aneckt, nicht nur bei seinen Eltern, sondern auch bei seinen Geschwistern. Thomas, selber ein Kind mit einer beachtlichen Sammlung an Kraftausdrücken, erlebt mit diesem Buch, wie seine Wortattacken auf andere wirken. Bei einem Kinderkrimi, in dem ein Kind als blinder Passagier mitfährt, verweigert er das weitere Zuhören: «Das geht doch nicht, dass er sich nicht beim Kapitän meldet. Nein, das mag ich nicht mehr hören!» Denn obwohl Thomas Schimpfwörter liebt, hat er ein ausgeprägtes Gerechtigkeitsempfinden und neigt wenig zu verbotenem Verhalten.

Und diese Haltung konnte er mit der Lektüre nicht vereinbaren. Er hatte sich sofort mit dem Jungen identifiziert, und er wäre niemals heimlich auf einem Schiff mitgereist.

Medien, vor allem Filme, spielen für Kinder eine wichtige Rolle, um den Umgang mit Gefühlen zu erlernen. Eltern sollten sich darauf einstellen, dass ihre Sprösslinge oft unkonventionelle Wege gehen, auf denen sie Begleitung brauchen.

Die Mutter des fünfjährigen Stefan berichtet von einem ungewöhnlichen Verlangen ihres Sohnes. Sie habe vier Söhne, erzählt sie, dreizehn, zwölf, neun Jahre alt und Stefan. Die ältesten wollten den *König der Löwen* im Kino sehen und auch Stefan wollte «unbedingt mit». Sie sei unsicher gewesen, habe ihn dann «aber mit dabeigehabt. Der gab keine Ruhe.» Während des Films hat «der Kleine eigentlich auf meinem Arm gehockt, er hat auch schon mal kurz hingesehen. Aber bei den wirklich schrecklichen Szenen hat er sich weggedreht. Auch bei der Szene, in der der Vater umkommt, hat er nur mich angeschaut. Als das vorbei war, hat er sich vorsichtig zur Leinwand gedreht und irgendwann auch wohl mal hingesehen.»

Nach dem Kino sei Stefan sehr aufgewühlt gewesen, beschreibt die Mutter weiter. «Und dann wollte er doch tatsächlich nochmals hin. Gut, hab ich gedacht, vielleicht braucht er das. Aber ich hatte meine Zweifel. Eine Freundin meinte, davon werde er nur noch aufgeregter. Ich bin dann doch nochmals mit ihm ins Kino. Aber mit ihm alleine. Alles war wie beim ersten Mal. Ich hatte auch nicht den Eindruck, als verhalte er sich anders. Kaum aus dem Kino hinaus, wollte er wieder hinein. Also bin ich am übernächsten Tag wieder hin. Nun war ich schon fünfmal in diesem Film, ich kann alles mitsingen, und Stefan hat noch nicht genug!» Sie klingt einigermaßen verzweifelt.

Der Film löst bei Stefan eine tiefe emotionale Verunsicherung aus, sein Verhalten deutet an, dass er durch die Wiederholung Versicherung sucht. Die Todesszene ist ihm emotional sehr nahe gegangen – obwohl er gar nicht hingesehen hat, so ist er doch von den Hörelementen des Szenarios in den Bann gezogen worden. Musik und Geräusche haben die tiefe Berührung ausgelöst. Seine Wünsche nach Wiederholung sind ein Versuch, immer wieder in das unvollendete Gefühlsdrama einzutauchen, um es zu Ende zu bringen. Häufig hören Kinder sich ein Märchen oder eine Kassette unendliche Male an, so lange, bis sie im wahrsten Sinne des Wortes genug davon haben. Dann sind auch die damit einhergehenden Gefühle bearbeitet. Stefans Mutter erinnert sich daran, dass sich Stefan vor einem Jahr *In einem Land vor unserer Zeit* als Videokassette mit seinen Brüdern angeschaut habe – aber auch in diesem Film kommt eine nahe Bezugsperson des Helden ums Leben. «Dann ist er hinausgerannt, wollte den Film nie mehr sehen, ja, er hatte vor allem Angst, was mit Dinos zu tun hat.»

Stefan hat sich damals geschützt. Er war gefühlsmäßig nicht so weit, sich auf die Bilder und das Drama bei diesem Film einzulassen. Er hat sehr selbstbewusst gehandelt und spürte einfach, dass er die mit der Szene einhergehenden Trennungs- und Verlassensängste nicht aushalten konnte. Eine Möglichkeit, mit der jetzigen Situation umzugehen, wäre es, Stefan eine Kassette mit dem Original-Soundtrack vom *König der Löwen* zu schenken. Denn das Kind muss die über die Töne hervorgerufenen Gefühle verarbeiten. Stefans Mutter versucht, so eine Lösung für sein Problem zu finden. Zunächst habe ihr Sohn die Kassette in den Recorder eingelegt, sei zu ihr gekommen und habe sich eng an sie gekuschelt. «Als die Todesszene kam, habe ich gespürt, wie er sich verkrampfte.» Am nächsten Tag überspielte Stefan die Musiksequenz mit der ihn bewegenden Szene auf eine andere Kassette – von da an hörte er nur noch die Stelle. Er saß in seinem Zimmer, oft mit seinem Lieblingstier im Arm. Und immer dudelte diese Stelle. Seine Mutter: «Ich dachte, ich werd wahnsinnig! Oder ist er's schon?! Na ja, als ich ihm vorschlug, mit mir nochmals die ganze Kassette zu hören, drückte er die Vorlauftaste und spulte bis zu der fraglichen Stelle. Noch kuschelte er sich an, wirkte aber nicht mehr so verspannt. Und nach fünf Wochen lag die Kassette achtlos herum.»

Nicht immer ist das Gespräch die entscheidende Methode, um starke Gefühle auf den Begriff zu bringen. Gefragt ist die gelungene Mischung aus vertrauter (mütterlicher) Nähe und einem selbstbestimmten Versuch, eine Verunsicherung auf den (etwa musikalischen) Begriff zu bringen. Statt von der angstbesetzten Situation davonzulaufen, sollte ein Kind in sie eintauchen mit seinen Emotionen. Aus der verunsichernden Angst kann im Laufe der Zeit eine lustvolle Begegnung mit ihr werden. Man muss es lernen, intensive Gefühle auszuhalten und sie zu beherrschen. Kinder müssen erfahren, dass sie starken Emotionen, die etwa durch einen Film ausgelöst werden können, nicht schutzlos ausgeliefert sind. Wenn Eltern ihre Kinder vor problematischen Gefühlen zu bewahren suchen, wird es für sie schwieriger, sich einer stark verunsichernden Situation zu stellen. Innerhalb eines verlässlichen Rahmens können sie sich als Gestalter ihrer Welt empfinden und Gefühle durchleben – wenn man ihnen alters- und entwicklungsgemäß Verantwortung überträgt.

Rituale vermitteln Sicherheit. Stefans Mutter gab ihrem Sohn ein Mittel an die Hand, sich nicht ohnmächtig, den Gefühlen hilflos ausgeliefert zu fühlen. Je stärker die gerade durch mediale Szenarien hervorgerufenen Gefühle, umso ritualisierter, handlungsärmer sind die medienbezogenen Nachspiele. Es ist nachgerade so, als versuchten Kinder, der Aufgewühltheit, dem Durcheinander der inneren Realität eine (manchmal starre) Struktur in der äußeren Realität zu geben. Eltern sollten ihre Kinder dafür nicht kritisieren, sondern ihnen bei diesem Prozess Halt und Orientierung bieten.

Kinder haben schon früh ihre eigene Welt und brauchen sie auch. Die Erfahrungen, die Jungen miteinander machen, sind wichtig für ihre Entwicklung. Viele Mütter von Jungen kennen die Lage, wenn im Kindergarten die Rede mal wieder auf die kleinen Haudegen kommt. Anna Hager berichtet: «Beim letzten Elternabend schlug eine Welle der Empörung hoch. Eins von den Kindern war bei einer heftigen Rauferei in Mitleidenschaft gezogen worden und muss nun wegen eines Oberschenkelhalsbruchs sechs Wochen zu Hause bleiben. Ich dachte insgeheim, hoffentlich war das nicht Moritz!»

Moritz ist fünf Jahre, und seine Peergroup gehört zu den wilden Jungen, die es lieben zu raufen, was das Zeug hergibt. Zwar ist seine Mutter nicht unbedingt glücklich über die Wahl seiner Freunde, doch Moritz fühlt sich wohl mit seinen Spielkameraden. Unter ihnen herrscht ein durchaus rauer Umgangston, sie werfen mit Schimpfwörtern um sich. Sie rangeln gern miteinander, spielen aber, wenn sie sich am Nachmittag besuchen, auch stundenlang friedlich mit ihren Autos auf dem Spielzeugteppich. Und wenn dann aus dem Kinderzimmer doch alarmierend laute Geräusche schallen, hat die Mutter von Moritz dennoch die Erfahrung gemacht: «Es wird bestimmt nicht besser, wenn ich mich einmische. Meistens schaffen die Jungs es schließlich ganz gut, untereinander klarzukommen. Ich glaube, die brauchen einfach manchmal ihren Freiraum, den die Erwachsenen nicht vollständig kontrollieren.» Moritz war übrigens nicht der Übeltäter.

In Gruppen fühlen Jungen sich stark, sie machen positive Erfahrungen und sie lernen, mit Gefühlen wie Aggression und Konkurrenz umzugehen. Sie neigen, wie man aus der Forschung weiß, dazu, Grenzen zu übertreten. Es ist wenig hilfreich, die manchmal befremdlichen und oft negativ besetzten

Gefühlsäußerungen zu unterbinden. Wichtig ist vielmehr, dass Eltern in einem engen Austausch mit ihren Söhnen stehen. Wenn Jungen in der Familie gelernt haben, einen «emotionalen Dialog» zu führen, haben sie ein gutes Rüstzeug für den Umgang mit ihren Gefühlen mitbekommen.

Gewalt ist geil!
Vom Umgang mit Aggressionen

Eltern sorgen sich zunehmend über die brutalen Verhältnisse, in denen ihre Kinder aufwachsen.

«Früher», so erzählt Anton Richter, «ging's zwar auch hart zur Sache. Banden und Straßenkämpfe waren angesagt: der eine Straßenzug gegen den anderen, die von der Oberschule gegen die Hilfsschule. So hieß das ja früher noch … Wir verabredeten uns zu einem Zeitpunkt, an einem Ort – unsere Eltern wussten von nix. Mein Vater war nur sauer, wenn ich was auf die Nase bekommen hatte, oder meine Mutter jammerte, wenn der Pullover zerrissen war. Doch es gab einen entscheidenden Unterschied. Wenn bei uns einer am Boden lag, war der aus dem Spiel draußen. Auf den wurde nicht mehr eingetreten oder eingeschlagen. Oder wir hatten ein Zeichen ausgemacht, das hieß: Ich will oder kann nicht mehr! Dann hörten wir auf – wehe, wenn man gegen diesen Kodex verstieß, dann fiel die ganze Meute über einen her. Dass es solche Regeln nicht mehr gibt, macht mir Sorgen. Diese herumstromernden Skins, die jeden und alles wahllos verprügeln, das ist eine Verrohung der Sitten, so öffnet man der Zerstörung Tür und Tor und bringt jede harmlose Rangelei in ein schlechtes Licht.»

Eine Mutter, die mit fünf Brüdern aufgewachsen ist, erzählt von früher. Hart sei es zugegangen, aber herzlich. Alles außerhalb der Sicht- und Reichweite der Eltern. Wirkliche Verletzungen, «die gab's nicht. Es herrschten unausgesprochene Regeln, an die sich jeder hielt. Man hatte das Gespür, bis hierher darfst du gehen und nicht weiter. Dieses Gefühl, mit den anderen zu toben, sie zu packen, zu drücken und trotzdem nicht zu verletzen, dieses Gefühl ist meiner Ansicht nach verloren gegangen.»

Die festgelegten Regeln gaben den Auseinandersetzungen früher Halt. Man verletzte sich nicht vorsätzlich, man trat und schlug auf einen wehrlos am Boden liegenden Menschen nicht ein.

Hier soll kein Idyll konstruiert werden nach dem Motto: «Es war früher alles besser!» Bleibt allerdings die Frage, aus welchen Gründen es heranwachsenden Jungen heute augenscheinlich schwer fällt, Regeln beim Umgang mit Aggressionen zu akzeptieren.

- Gott sei Dank ist es heute ein wichtiges Erziehungsziel, humane Beziehungen auf gegenseitigen Respekt aufzubauen. Gleichzeitig bewertet man Aggressionen ausschließlich negativ. Die konstruktive Seite der Aggression – sich abgrenzen, um eigene Identität zu entwickeln – wird ausgeblendet. Die komplette Verdrängung von Aggression aus dem Alltag kann nicht Erziehungsziel für Jungen sein, vielmehr geht es darum, die brutale, Gewalt verherrlichende Seite der Aggression zu beherrschen. Es geht mithin um eine Kultivierung von Aggression.

Hierfür ist die Einübung von allgemein verbindlichen Ritualen und Regeln notwendig. Lebt man diese den Kindern nicht vor, haben sie keine Möglichkeiten, sie als nachvollziehbares und praktizierbares Modell zu verinnerlichen. Wer Heranwachsende mit ihren aggressiven Persönlichkeitsanteilen allein lässt, liefert sie einer chaotischen, den anderen Menschen in seiner Würde nicht achtenden Aggression aus. Dieses Ausgeliefertsein endet – wie in vielen zerstörerischen Handlungen von Heranwachsenden gegenwärtig sichtbar – in einem blindwütigen Ausleben von Aggressionen, das von Inhumanität geprägt ist.

- Aggression ist für Heranwachsende – entwicklungsbedingt – faszinierend. Kann Aggression in der Realität nicht – kontrolliert, regelgebunden, ritualisiert und verlässlich – ausgelebt werden, so sucht sich die Faszination ihre Symbole und Gegenstände. Und diese finden Heranwachsende in den Actionszenarien der Medien.

Die konstruktiven Seiten von Aggression

Aggressionsrituale in der Familie sind wichtig, z. B. nach Rangel- und Kampfzeiten, «Kissen- bzw. Polsterschlachten». Kinder müssen ausgiebig toben, ihre Körperkräfte erproben. Nur in wenigen Familien wird das praktiziert, obwohl Kinder diese Form des Körpererlebnisses lieben. Insbesondere Mütter lehnen entsprechende Aktivitäten unter dem Eindruck ab, dass ihre Kinder durch diese Spiele «erst recht aggressiv» bzw. dazu angeleitet würden, im späteren Leben unsozial und destruktiv zu handeln. Dieses Missverständnis beruht auf einer einseitigen Sicht auf Aggression: Sie ist im ursprünglichen Sinn des Wortes eine Kraft, stellt eine Energie dar, die durch Verleugnung und Verdrängung nicht aus der Entwicklung von Kindern auszugrenzen ist. Je mehr man elterlicherseits zu einer Angst vor Aggression erzieht oder Aggression mit Verbot und Ausgrenzung belegt, je weniger fühlen sich Kinder mit diesen Persönlichkeitsanteilen angenommen.

Gefordert ist mehr denn je eine Aggressionserziehung, die nicht gleichgültig gewähren lässt, sondern die Respekt und Achtung vor der körperlichen Unversehrtheit anderer Menschen beinhaltet. Das lässt sich lebenszeitlich schon früh einüben.

Aggressionserziehung bedeutet, nach altersgerechten Lösungen bei Konflikten zu suchen. Je jünger Kinder allerdings sind – etwa bis zum Beginn des Grundschulalters –, umso stärker werden Reibung und Meinungsverschiedenheiten auch körperlich ausgetragen. Allein mit Reflexionen und sprachlichen Argumenten sind Kinder in dieser Altersstufe noch überfordert. Dies bedeutet nicht, auf Normen und Werte einer höheren moralischen Stufe in der Erziehung zu verzichten. Ganz im Gegenteil: Kinder sind zu begleiten, wenn es um angemessenere Konfliktlösungen geht. Dies aber weniger mittels unendlich «guter» Worte als vielmehr durch das Handeln von Erwachsenen.

Viele Jungen verlernen jedoch, körperliche Handlungen in ihren positiven wie negativen Wirkungen einzuschätzen. Wenn Kinder nicht durch Tun erfahren, dass z. B. Streicheln andere Empfindungsqualitäten nach sich zieht als kräftiges Zupacken, dann sind sie nicht in der Lage, Muskelkraft situationsangemessen zu gebrauchen: Sie *wollen* angemessenen körperlichen Kontakt aufnehmen, *können* aber nicht – so wird aus dem beabsichtigten zärtlichen Knuff ein schmerzhafter Schlag.

Solche Defizite sind zu beheben:

- Durch die Einführung körperbetonter Rituale im Alltag, durch Spiele und Aktivitäten, die körperliche Empfindungen in den Mittelpunkt stellen. Kinder müssen sinnlich erfahren, wie Massagen mit unterschiedlichen Materialien sich anfühlen, wie sich Streicheln vom festen Griff unterscheidet. Hilfreich sind Toben und Rangeln, Spiele in Matsch und Wasser, spezifische Sinnesaktivitäten, die Gefühle stimulieren.
- Durch die Einführung von Räumen und Zeiten, in denen Kinder körperliche Bedürfnisse ritualisiert ausleben dürfen.

«Raufzonen» – ein Beispiel

In einer Grundschule waren die Pausenaktivitäten der sechs-
bis elfjährigen Kinder durch zerstörerische Aggression gekennzeichnet. Verletzungen und Sachbeschädigungen waren regelmäßig die Folge. Selbst mit dem Einsatz von mehr Aufsichtsper-
sonal konnte man auffällige Gewalttätigkeiten nicht stoppen.
Als schließlich jegliches Toben, Herumlaufen, sogar die Lautstärke durch eine Schulordnung untersagt wurde, verlagerten
sich die destruktiven Aggressionen auf Sachen. Fensterschei-
ben gingen zu Bruch, Klassenräume wurden demoliert. Auf
dem Schulweg lebten die Kinder ungehindert, ungestüm und
chaotisch das aus, was man ihnen in der Schule verwehrte, und
es kam zu allerlei üblen Vorfällen. Die Schulleitung richtete im
Rahmen eines Projekts «Raufzonen» auf dem Schulhof ein. Die
Reaktionen des Kollegiums wie der Eltern waren zunächst negativ: Man befürchtete eine weitere Eskalation der Gewalt, man
kritisierte den Begriff «Raufzone» als Gewaltverherrlichung. Die
Schüler und Schülerinnen fühlten sich dagegen angesprochen,
als man sie um Mithilfe bei der Umsetzung der Idee bat. Man
einigte sich mit allen Beteiligten zunächst für ein halbes Jahr
darauf, auf dem Schulhof zwei abgegrenzte Räume, darunter
eine «Raufzone» einzurichten. Hier durfte gerangelt, hier durfte
gekämpft werden. Vorgesehen dafür waren die Rasenecken des
Schulhofes, um die Verletzungsgefahr so gering wie möglich zu
halten. Die Zonen waren durch Markierungen vom übrigen Ge-
lände abgetrennt.

Mit der Einrichtung der «Raufzone» wurden entsprechende
Aktivitäten auf dem übrigen Schulgelände untersagt. In den
«Raufzonen» galten feste Regeln: Es durfte kein Kind gezwun-
gen werden, diesen Raum zu betreten. Die Teilnahme an den
Rangeleien war freiwillig. Das Anfassen des Kopfes, Treten, Bei-
ßen, Spucken waren ebenso untersagt wie der Versuch, ein an-

deres Kind vorsätzlich zu schädigen. Zudem führte man ein «Codewort» ein. Auf Zuruf dieses Wortes durch die Aufsicht kamen alle Aktivitäten innerhalb der «Raufzone» zum Stillstand. Mit diesem Wort konnten alle Kinder, die mit der Rangelei aufhören wollten, das Ende des Spiels signalisieren.

Über das «Codewort» war es möglich, den Kampfverlauf zu steuern bzw. zu ritualisieren. Verloren Kinder die Kontrolle, weil sie im Eifer der Rangelei Regeln vergaßen, war es dem «Codewort» möglich, sie an die getroffenen Abmachungen zu erinnern. Nach anfänglichen Schwierigkeiten spielten sich die vereinbarten Regeln schnell ein.

Dies galt insbesondere für jene Kinder, die man als die größten Rabauken kannte. Sie tobten sich in der Pause aus, gingen völlig aus sich heraus. Die körperbetonten Aktivitäten hatten positive Auswirkungen auf das Unterrichtsgeschehen. Störungen, die sich aus angestauten körperlichen Spannungen ergaben, ließen erheblich nach. Der Wechsel aus intellektueller Anspannung während des Unterrichts und körperbetonter Entspannung in der Pause wirkte sich positiv auf das Lehrer-Schüler-Verhältnis aus. Die zerstörerischen Aggressionen minimierten sich.

«Raufzonen» sind nun kein Patentrezept. Doch sie sind ein Dietrich, um sich zerstörerischen Aggressionen nicht hilflos auszusetzen. Sie geben Handlungsfähigkeit zurück. Aggressionen fordern heraus – doch man sollte diese Herausforderung mit Phantasie und Kreativität annehmen.

Tabus sind keine Lösung

Arne, Malte und Niklas, alle etwas älter als vier Jahre, spielen Räuber und Gendarm. Sie nehmen wechselnde Rollen ein – aber sie haben alle ein Gewehr in der Hand, das sie sich aus Zweigen selbst gebastelt haben. Sie schießen wild um sich, ohne dabei andere Kinder zu stören, sie versuchen auch nicht, sie in ihr

Spiel gewaltsam hineinzuzwingen. Als eine Erzieherin das Schieß-Spiel sieht, tritt sie hinzu: «Arne, Malte, Niklas, wir wollen doch hier nicht schießen!»

«Aber das macht so einen Spaß», entgegnet Arne.

«Mit so etwas macht man keinen Spaß», antwortet Erika, die Erzieherin, sehr ernst.

«Warum nicht?»

«Weil man mit wirklichen Waffen jemanden totschießen kann», entgegnet Erika ruhig.

«Aber wir schießen niemanden tot», meint Arne ungerührt. «Wenn Malte oder Niklas umfallen, dann stehen sie wieder auf und spielen weiter!»

«Habt ihr gehört», Erikas Stimme klingt streng, duldet keinen Widerspruch. «Wenn ihr weiter schießt, nehme ich euch die Stöcke weg.»

Es kommt, wie es kommen muss. Arne, Malte und Niklas bewegen sich immer wieder aus dem Blickfeld der Erzieherin. Doch Erika hört ihre Ausrufe: «Bum!», «Wuff!», «Getroffen!» Sie geht schnellen Schrittes auf die drei zu, nimmt ihre Hände nach vorne: «So, her mit den Waffen!» Die drei legen ihre Stöcke widerspruchslos hinein.

«Und jetzt spielt etwas anderes. Ab in die Sandkiste!» Sie grinsen sich an. Als Erika verschwunden ist, brechen die drei Zweige aus dem Gebüsch, rennen in die Sandkiste. Unverkennbar schießen sie auch dort, leiser, zurückgenommener – aber ständig Erika beobachtend, Provokation im Blick, so als wollten sie ausdrücken: «Wann siehst du uns endlich!» Dann haben sie ihr Erfolgserlebnis. Spontaner Auftritt der Erzieherin: «Verdammt! Ich hab gesagt, ihr sollt nicht schießen!» Nun schaut Arne seine Erzieherin ganz sanft, ja fast liebenswürdig an und meint: «Wir schießen nicht! Das sind», und er weist auf die Zweige, «doch keine Gewehre, Erika.» Sein Augenaufschlag ist betörend: «Das sind Pressluftgeräte!»

«Pressluftgeräte! Ihr spinnt doch!» Erikas Stimme nimmt einen schrillen Klang an.

«Doch, Erika. Wir bauen hier einen Tunnel in den Felsen. Und dazu braucht man Pressluftgeräte!» Als Erika kopfschüttelnd abdreht, grinsen sich die drei «dreckig» an.

Verbote sind Ausdruck von Hilflosigkeit. Hinter der Faszination, die Aggressionsszenarien und Gewaltsymbole auf Jungen ausüben, steckt neben dem Wunsch nach Abgrenzung der nach Loslösung und Autonomie. Ohne Abgrenzung und Autonomie ist eine eigene Identität, sind Selbstwertgefühl und Selbstvertrauen nicht möglich. Kindliche Aggression ist stets mit innerer und äußerer Bewegung verknüpft. Die Aggression ist eine produktive Kraft, um Unbekanntes zu entdecken. In der Erziehung kann es nicht um die Verdrängung aggressiver Kräfte gehen, sondern darum, sie zu kontrollieren und zu kultivieren. Tabuisierung schafft Aggressionen ebenso wenig aus der Welt wie eine pädagogische Aggression, die zu Friedfertigkeit zwingen will. Eine pädagogische Aggression verlangt von Jungen die Unterdrückung von nichtgewünschten Gefühlen, sie pocht auf den Verzicht auf das generelle Ausleben von Aggressionen.

Wer seine – noch so gut gemeinten – Ziele, so der Psychoanalytiker Wolfgang Schmidbauer, über die des Kindes stellt, bringt diesem bei, dass Hierarchie und Macht eingesetzt werden dürfen, um seine Ziele durchzudrücken. Sinn des Lebens ist dann nicht das Ausleben innerer Gefühle und Wünsche, die der kindlichen Entwicklung entsprechen, sondern – so nochmals Schmidbauer – «dieses Innere zu unterdrücken und die Erwartung auf äußere Anerkennung an seine Stelle zu setzen». Doch viele Jungen wehren sich dagegen, sie fordern eine realitätsgerechte Erziehung regelrecht ein.

Bekanntlich darf man Aggressionen nicht dem Selbstlauf überlassen, sondern muss sie durch Regeln zivilisieren, damit sie keine menschenverachtenden Dimensionen annehmen. Ähnlich funktioniert die Erziehung der Gefühle bei Jungen. Es erscheint selbstverständlich, Jungen nicht allein auf Durchsetzungsfähigkeit hin zu trimmen. Sie wollen bestimmt keinen Prinz Eisenherz, der keine Ängste kennt.

Doch ist es bis heute noch nicht zur Selbstverständlichkeit geworden, einen sensiblen, sozial interessierten und konfliktfähigen Jungen ins Leben zu begleiten. Dabei reicht es nicht, nur zu kritisieren, wenn ein Junge nicht zu seinen Gefühlen steht. Jungen brauchen positive Modelle, an denen sie sich orientieren können. Und da sind gerade die Väter, wie wir gesehen haben, gefordert. Vielleicht mehr, als ihnen lieb ist.

Vom Umgang mit Kraftausdrücken

Kraftausdrücke, deftige Flüche sind der verbale Ausdruck von Gewalt. Und selbst unter den Allerkleinsten schon sehr beliebt. Benjamin, dreieinhalb Jahre, kommt aus dem Kindergarten nach Hause. Als die Mutter ihn freundlich begrüßt, gibt er zur Antwort: «Hallo, du Arschloch!» Er sagt das freundlich, verzieht keine Miene.

«Hallo, du Arschloch», wiederholt er lächelnd.

«So, nun zieh dich aus und dann gibt's Essen», antwortet die Mutter ganz ruhig. Konsterniert dreht Benjamin ab. Dies Begrüßungs-«Ritual» wiederholt sich an den beiden folgenden Tagen: Benjamin testet mit seinem Schimpfwort aus, die Mutter ignoriert das. Nach einer Woche hat Benjamin den Spaß verloren – allerdings, als seine Oma am Sonntag erscheint, ruft er ihr fröhlich entgegen: «Tag, Oma! Bist du Arschloch endlich da!» Ihr entgleiten die Gesichtszüge, die Kinnlade fällt herunter: «Benjamin, woher hast du das schlimme Wort?»

«Aus dem Kindergarten, sagt Michi immer zu Katja!»

Die Oma wendet sich an Benjamins Mutter: «Also, Hilde, da

musst du mal anrufen. Die Kinder verrohen immer mehr. Stell dir vor, der ist jetzt drei, was wird der in zehn Jahren sagen? Du musst jetzt etwas machen!»

Elias' Mutter kennt das auch. «Der fing mit den Schimpfwörtern an, als er fünf war.» Sie habe viel falsch gemacht. Als er sie mit «Tach, du Arschloch», begrüßte, habe sie geantwortet: «Elias, so etwas sagt man nicht.»

«Wieso?» Elias fragte nach.

«Wir sagen so etwas nicht!»

Auf diese entschiedene Antwort reagierte Elias nachdenklich: «Aber Papa, der darf das!»

«Wieso?»

«Beim Autofahren sagt er das immer!»

Ein richtiger Machtkampf habe sich entwickelt. «Alles war nur noch Arschloch. Ich war hilflos», sagt sie. Schließlich habe sie in ihrer Not mit Elias das Schweinewortspiel gespielt. Eine Minute lang dürfen die Kinder alles sagen, was sie auf Lager haben. Und ich habe mitgemacht. War der erstaunt! So viele Ausdrücke kannte der gar nicht. Damit habe ich die Luft rausgelassen. Natürlich war das Thema damit nicht ganz erledigt. Vor allem, wenn er wütend war, fluchte er wie ein Rohrspatz. Wenn er sich beruhigt hatte, habe ich ihm gesagt, dass mich solche Ausdrücke verletzen. Und dabei hab ich nur von mir geredet, nicht ‹wir› oder ‹man› gesagt. Dann hat er sich meistens entschuldigt.»

Kraftausdrücke faszinieren (nicht nur) Jungen, sie testen so Grenzen, die Gültigkeit von Normen und Werten aus. In Kraftausdrücken und Schimpfwörtern spiegeln sich nicht selten das Unmoralische und das Anarchische kindlicher Phantasien. Das ist eine normale Sache. Über Wortspiele, über den Klang von Wörtern drücken sich kleinere und größere Kinder aus, sie geben ihren inneren Bildern eine Form. Die Bedeutung von Kraftausdrücken, von Schimpfwörtern und Verballhornungen erschließt sich besonders Jungen erst dann, wenn sie sie in verschiedenen Zusammenhängen benutzen und die Reaktion ihrer Umgebung erleben.

Jüngere Kinder nehmen Sprachwitze, Sprachspiele, das Ordinäre und das Gemeine der Sprache, aber auch verbale Aggressionen überall wahr – und da der Kindergarten zum Tagesablauf vieler Kinder gehört, eben auch dort. Hier hören sie die entsprechenden Ausdrücke, erfahren durch Beobachtung deren Wirkung. Sie kennen jedoch nicht immer deren wirkliche Bedeutung, sind es doch meist ältere Kinder, die eine Art Vorreiterrolle annehmen. Jüngere Kinder übernehmen die aufgeschnappten Wörter und beobachten ihre Wirkung: Je heftiger die Reaktionen der Erwachsenen ausfallen, umso mehr ahnen sie, einen «Volltreffer» gelandet zu haben. Jedes Kind wird versuchen, dieses Erfolgserlebnis zu wiederholen. Wenn die Eltern schon resigniert in den Seilen hängen, erscheint eben die Oma an der Haustür, die mit einem zärtlichen «Tag, du liebes Arschloch» begrüßt wird.

Was Eltern tun können

Hier ein paar Grundsätze, um angemessener zu reagieren:

- Hört man als Erwachsener einen bestimmten Kraftausdruck das erste oder zweite Mal, geht man am besten darüber hinweg. Ganz im Sinne des Lernens am Modell kann dies bei Ihrem Jungen zu der Überlegung führen: Was woanders gewirkt hat, kommt bei meinen Eltern oder zu Hause offensichtlich nicht an. Sie sollten nicht fragen: «Woher hast du das?»; damit bringen Sie Jungen schnell in eine Verteidigungsposition und dazu, anderen die Schuld zu geben.

- Hat diese Taktik keinen Erfolg, sollten Sie handeln. Wer ignoriert, wenn das Kind seine Ausdrücke weiter verwendet, sie womöglich intensiviert, erreicht genau das Gegenteil. Das Kind muss geradezu mit seinen Regelverletzungen fortfahren, bis der scheinbar gleichgültige Erwachsene endlich reagiert und Grenzen setzt.

- Von erheblicher Bedeutung ist die Art und Weise, wie man solche Grenzen artikuliert. Wenn Sie auf der «Man»-Ebene argumentieren, bietet sich rasch die Gelegenheit, eigene Beobachtungen ins Spiel zu bringen: à la «Papa macht das auch!». Begreiflicher, weil nachvollziehbar, wäre ein Satz wie: «Ich möchte/will das nicht hören!» Auf die berühmte «Wieso»-Frage brauchen keine langatmigen Erklärungen zu folgen. Das Kind wünscht eindeutige und kurze Antworten, in denen sich die Haltung des Erwachsenen authentisch artikuliert.

- Umständliche Erklärungen überfordern Kinder. Sie orientieren sich in der Regel mehr an der Unsicherheit und den Bedürfnissen der Erwachsenen – «Ich will eine gute Mutter sein! Gute Mütter erklären!» – als den Vorstellungen und Erfahrungen der Kinder.

- Wichtig ist schließlich: Ein Kind wird bezüglich seiner Wortwahl, nicht jedoch als Person kritisiert. Es darf nicht empfinden: «Du bist böse, weil du das sagst!», «Du bist frech, wenn du das sagst!», sondern es muss das Gefühl haben, alle Persönlichkeitsanteile, eben auch die grenzüberschreitenden, austesten zu dürfen.

- Die Einführung einer spielerischen Ausnahme zeigt den Jungen Grenzen auf, weist auf Normen hin, die den Erwachsenen wichtig sind. Solche Grenzen vermitteln Werte, auf deren Einhaltung Erwachsene mit Festigkeit bestehen können. Man kann die Kraftausdrücke der Kinder auf der Basis ihrer Entwicklung verstehen, akzeptiert sie aber trotzdem nicht.

Auch die Geduld von Eltern
hat Grenzen

«Aber», so wirft der Vater des elfjährigen Tobias ein, «muss ich mir denn gefallen lassen, wenn der mich ständig ‹blöder Sack› nennt oder meine Frau mit den Ausdrücken aus der untersten Schublade tituliert? Ich meine, da hört es doch auf. Da muss man doch etwas tun!»

«Bei mir», erläutert die Mutter des zwölfjährigen Markus die Situation, «sind es ja nicht allein die Ausdrücke.» Sie sieht mich ernst an: «Der schlägt mich auch, egal, was er trifft.» Sie überlegt: «Ich hab's auch mit dem Ignorieren versucht, hab diese Wörter überhört, dachte, das wäre eine Phase, die müsse Markus eben ausleben. Aber es wird immer schlimmer. Der macht mit mir, was er will.»

Kraftausdrücke können – in Form einer sprachlichen Erniedrigung – in vielen Situationen die Erziehungsbeziehung von Eltern und Kindern nachhaltig berühren und verletzen. Werden diese Beleidigungen und die damit einhergehenden Machtkämpfe ignoriert, führt das zu Hilflosigkeit, Hass und Zerstörungswünschen bei allen Beteiligten.

Manche Eltern, Erzieherinnen und Lehrerinnen sind besorgt und unsicher über die – ihrer Meinung nach – zunehmende sprachliche, aber auch personale Gewalt gegenüber anderen. Da ist viel von fehlendem Respekt und fehlender Achtung die Rede. Doch sollten Sie sich mit folgenden Fragen beschäftigen, wenn Sie in dieser Hinsicht besorgt sind:

- Kraftausdrücke etc. dienen manchmal dazu, unklare Erziehungsbeziehungen zu thematisieren. Jungen – aber nicht nur sie allein – prüfen durch Versuch und Irrtum, wie weit sie gehen können, wann die Grenze der Belastbarkeit in zwischenmenschlichen Beziehungen erreicht ist.
- Wenn über verbale Aggressionen die Erziehungsbeziehung

berührt wird, dann muss man sofort handeln. Wer persönliche Beleidigungen hinnimmt, verstärkt diese. Ignorieren, Überhören mögen beim spielerischen Umgang mit Grenzüberschreitungen *ein* Mittel im pädagogischen Prozess darstellen. Bei entwürdigenden Beleidigungen werden sie als Gleichgültigkeit gedeutet, geradezu als Aufforderung, weiterzumachen.

■ Aus lerntheoretischen Untersuchungen ist bekannt, dass die Bereitschaft, andere Menschen zu verletzen, zu zerstören und schließlich zu töten, dann gegeben ist, wenn das Opfer *vor* der Tat entwürdigt wird.

Wenn Erziehende ihrer Entwürdigung im pädagogischen Prozess nicht Einhalt gebieten, tragen sie – sicher ungewollt – zu einer Verstärkung der Aggressionen gegen Sachen und Personen bei. Sie erleichtern es Kindern, Zerstörungswut – egal, ob in Wort oder Tat – ungehemmt auszuleben und leisten damit indirekt einen Beitrag zur Missachtung der eigenen Person.

Gewalttätige Jungen – friedfertige Mädchen?

13. September 2001, zwei Tage nach dem Anschlag auf das World Trade Center in New York. Eine Gruppe von vier Jungen – Nico, René, Björn und Roman, alle etwa fünf Jahre alt – bauen aus Holzklötzen zwei hohe Türme und schmeißen mit ungeheurer Wucht Plastikflugzeuge in die Bauwerke. Dieses Spiel wiederholt sich unendliche Male. Zwischendurch springen sie auf, rennen herum, schreien, toben. Dann bauen sie in der Sandkiste eine Burg, bringen sie durch Trampeln zum Einsturz. Oder sie nehmen einen kleinen Ziehwagen, setzen zwei Jungen hinein, während zwei andere ziehen, und spielen damit Feuerwehr, die einen Brand löschen muss. Die Spiele verlaufen lautstark. In den Aktionen der Jungen ist Kampfbereitschaft sichtbar, der Versuch, sich einer unbegreiflichen Herausforderung zu stellen.

Zur gleichen Zeit sitzt eine Gruppe von drei Mädchen in der Puppenecke – Sabine, Mareike und Melanie, alle fünf Jahre alt. Sie lassen aus großer Höhe kleine Stoffpuppen fallen, fangen sie aber kurz vor dem Aufprall auf, betten sie auf eine Matratze, versorgen sie, tun so, als ob die Puppen Verletzungen haben. Auch dieses Spiel zeichnet sich durch endlose Wiederholungen in ständig wiederkehrenden Abläufen aus.

«Mein Vater», so Sabine, «kommt aus so einem Hochhaus raus. Der würde nur nach unten rennen, der würde nicht aus dem Fenster springen.»

«Meiner auch», meint Mareike, «der hätte 'nen Fallschirm dabei.» Sie zeigt auf eine Puppe, die sie fallen lässt: «Wie die hier! Und dann», sie fängt die Puppe mit der anderen Hand auf, «landet er ganz weich und tut sich nicht weh.»

«Und wenn doch», fährt Melanie fort, «kommt er ins Krankenhaus, wie die hier.» Sie weist auf eine Puppe, die auf der Matratze liegt.

Etwas später im Stuhlkreis sitzen die Jungen und Mädchen mit anderen etwa gleichaltrigen Kindern zusammen.

René: «Wie kann man so blöd sein, da reinzufliegen!»

Björn, René ansehend: «Find ich auch. Ich hab da so 'n Computerspiel. Ich flieg nie in so 'nen Turm. Ich flieg immer drum herum.»

René, den Kopf schüttelnd: «Die waren nicht blöd, die waren böse, einfach böse. Meine Eltern sagten, die wollten das. Die haben das mit Absicht gemacht.»

Björn, skeptisch guckend: «Vielleicht konnten die nicht steuern. Vielleicht? Ich weiß es aber auch nicht!»

Melanie greift ein: «Ist doch auch völlig egal! Ob die das nun konnten oder nicht. Gestorben sind da viele. Das war ganz schrecklich. Als ich das im Fernsehen gesehen habe, habe ich nach Mama gerufen!» Sie überlegt: «Aber wenn die im Turm 'nen Fallschirm gehabt hätten, wären sie nicht gestorben!»

Nico blickt genervt drein: «Oh, so ein Blödsinn!»

Melanie: «Gar kein Blödsinn!»

Nico streckt ihr die Zunge raus: «Doch Blödsinn! Ein Fallschirm öffnet sich nicht, wenn man aus einem Hochhaus springt!»

Melanie nickt mit dem Kopf. «Doch, der öffnet sich!»

Roman hat die ganze Zeit zugehört, dann meint er bedächtig: «Wenn man da rausspringt, bist du gleich ohnmächtig, sagt mein Vater. Da merkst du nichts mehr.»

Mareike nickt mit dem Kopf: «Und deshalb tun die sich auch nicht weh, wenn die unten landen!»

Sabine hat die ganze Zeit still zugehört, dann meint sie zufrieden: «Bin jedenfalls froh, dass wir nicht in einem Hochhaus wohnen. Dann muss ich auch nicht springen!»

René lacht: «Also Batman könnte aus dem Hochhaus springen. Der könnte das!»

Björn platzt in die Worte von René: «Oder Superman! Also ich würd gern Superman sein. Dann kann mir nichts passieren!»

Sabine wirkt nachdenklich, als sie sagt: «Wenn der Superman da rausspringt, der bricht sich bestimmt auch ein Bein.»

Jungen wie Mädchen werden häufig unvermittelt mit Katastrophen, Unglücken, mit Krieg und Terror konfrontiert. Solche Ereignisse prägen die Gespräche, zeigen sich in den Aktivitäten, in den (Nach-)Spielen der Jungen. Dabei lassen sich geschlechtstypische (aber nicht -spezifische) Akzente unterscheiden:

■ Die Aggressionen der Jungen richten sich stärker nach außen, dies vor allem im Nachspiel und den Erzählungen. Mädchen zeigen dagegen mehr Betroffenheit, sie reagieren verunsichert und verängstigt. Mädchen fühlen mehr mit den Opfern, versetzen sich in die Lage der Betroffenen, sind an den Folgen zerstörerischer Akte interessiert.

- In den Spielen der Jungen dominieren Körperlichkeit und Kraft. Das Nachspielen der Mädchen wirkt ruhiger, stiller, zurückgezogener. Mädchen arbeiten in den Spielen nicht so sehr die physische als vielmehr die psychische Anspannung ab.

- Die Verunsicherungen, die Jungen haben, werden durch Übermotorik oder rationalisierende Bemerkungen geleugnet. Das soll Gleichgültigkeit, Lässigkeit, Souveränität oder Kompetenz vorspiegeln.

Aggressionen im (Rollen-)Spiel

Wenn man in Kindergärten nach dem Anteil von aggressiven Kindern fragt, kommt auf neun Jungen ein Mädchen. Obwohl es im Spielverhalten zwischen Jungen und Mädchen mehr Gemeinsamkeiten als Unterschiede gibt – Jungen wie Mädchen malen und basteln gerne, drücken sich in und über Rollenspiele aus –, fallen doch allen Beteiligten die Unterschiede schnell ins Auge: Jungen sind häufiger in der Bau- als in der Puppenecke zu finden, medienbezogene Nachspiele stechen hervor, die Spiele sind wilder, raumgreifender, von Motorik und Lautstärke geprägt. Die größten Differenzierungen finden sich allerdings im Konfliktverhalten: Während Jungen eher körperlich-aggressiv handeln, agieren Mädchen verbal aggressiver. Während Ersteres schnell auffällt, wird Letzteres überhört.

Das lässt sich am Umgang mit Monsterfiguren und den Barbie-Puppen konkret untermauern. Während die Mehrzahl der Jungen angab, mindestens einmal mit Monster- und Actionfiguren Kontakt gehabt zu haben und nahezu die Hälfte eine entsprechende Figur besaß, hatten nicht einmal zehn Prozent der Mädchen vergleichbare Objekte, die meisten Mädchen «erbten» diese Figuren von älteren Brüdern. Nur zwei Mädchen kauften sich bzw. ließen sich eine Actiongestalt schenken, «um die Mami zu ärgern, weil die dagegen war».

Besonders interessant sind die Begründungen, die Mädchen für ihre distanzierte Haltung zu Actionfiguren nennen. Sie lehnen die Art und Weise, wie Jungen mit den Figuren spielen, als zu laut, zu aktions- und bewegungsbetont ab und finden diese Spiele unkooperativ.

Mädchen sind anscheinend nicht wirklich in die symbolischen und ritualisierten Spielverläufe einbezogen, sondern bleiben meistens Statisten. Die Spielvorschläge der Mädchen werden von den Jungen nicht ernst genommen bzw. nicht anerkannt. Dies macht die Teilhabe am Spiel – aus der Sicht der Mädchen – langweilig und uninteressant.

Diese Beobachtungen decken sich mit den Ergebnissen der bereits zitierten Langzeitstudie der amerikanischen Psychologin Maccoby, wonach Mädchen gleichgeschlechtliche Spielkameradinnen bevorzugen. Im Jungenspiel dominiert äußere Bewegung, es ist häufig rau und grob und gekennzeichnet von einem auf Dominanz zielenden Wettbewerb. Während Mädchen Spiele verbal zu beeinflussen versuchen, bevorzugen Jungen den direkten Anweisungsstil, um damit zum Erfolg zu kommen. Jungen kommandieren mehr, fallen sich ins Wort. Mädchen meiden das Spiel mit Jungen, weil sie weniger Chancen zur Verwirklichung ihres Spiels sehen.

Darüber hinaus bringen die Mädchen eine weitere Begründung vor: Vor allem ihre Mütter – aber auch ihre Erzieherinnen und Sozialpädagoginnen – würden es nicht gerne sehen, wenn Mädchen mit Monsterfiguren spielen, während Jungen dieses – wenn auch häufig widerstrebend – gestattet wird. Das Spiel mit Barbie-Puppen wird indes eher gestattet.

Während Jungen häufig intensiv um den Kauf bzw. die Duldung von Monsterfiguren kämpfen, gehen Mädchen wesentlich stiller, leiser, wenn auch nicht weniger beharrlich vor. Jungen benutzen Schimpfwörter, setzen offen Wut, Zorn, Hass und Enttäuschung ein. Mädchen bevorzugen demgegenüber Weinerlichkeit, Traurigkeit, Liebesentzug, heimliche Verwünschungen, setzen sogar – ob bewusst oder nicht – Bauchschmerzen oder Kopfweh ein, um ihr Ziel zu erreichen. Die Figuren und Spielzeuge sind Objekte, an denen sich der Umgang mit Aggression einüben lässt. Für geschlechtstypische Unterschiede beim Ausleben von Aggression und im Umgang mit körper- und gewaltbetonten (medialen) Symbolen gibt es zahlreiche widersprüchliche Erkenntnisse aus Soziologie, Psychologie, Psychoanalyse, der Pädagogik oder auch der Biologie. Der spezifische Umgang mit Aggressionen scheint kulturell bedingt, durch Erziehung gesteuert und beeinflusst zu sein. So lassen sich erste Erklärungen für die beschriebenen Unterschiede im Umgang mit Gewalt finden.

Eine Vielzahl von Autorinnen und Autoren verweist darauf, dass eine geschlechtsgebundene Erziehung – z. B. im Hinblick auf Aggression – schon früh einsetzt und auf meist unbewussten kulturellen Mustern fußt. Während männliche Babys beispielsweise länger und intensiver gestillt werden, erzieht man Mädchen früher und stärker zur Selbstverantwortung, bezieht man sie intensiver in familiäre Abläufe und häusliche Pflichten ein. Anders ausgedrückt: Gesellschaftliche Normen und Werte schlagen lebenszeitlich früher durch als bei Jungen. Mädchen begreifen und verinnerlichen offensichtlich eher, wie gesellschaftliche Repräsentanten (z. B. Familie und Schule) sie sehen möchten, bereit zum Opfer, kooperativ, kommunikativ, vermittelnd, sich unterordnend. Die Ablehnung des lauten, auf Wettbewerb und Durchsetzung orientierten Spiels oder der offene Umgang mit Aggressionen könnte hier eine Erklärung finden.

Während Jungen die Suche nach Autonomie möglicherweise leichter zugestanden wird, Wort- und körperliche Gewalt nicht sofort verboten ist, haben es Mädchen schwerer, sich zu behaupten. Ihnen gesteht man allenfalls eine an häuslichen Pflichten orientierte Selbständigkeit zu. Während Jungen beim

Kampf um Autonomie aktive, zumindest wohlwollende und tolerierende Unterstützung finden, setzt man Mädchen enge Grenzen, sehen sich Mädchen von Liebesverlust bedroht, wenn sie Selbstbewusstsein und Eigenständigkeit entwickeln wollen. Weil die Angst vor Liebesentzug dominiert, richten Mädchen ihre Aggressionen eher nach innen – z. B. in Form psychosomatischer Erkrankungen –, oder sie binden ihre Aggressionsphantasien an Symbole, die sozial respektiert werden. Einige Autoren und Autorinnen haben in diesem Zusammenhang auf die Bedeutung von Pferdegeschichten für Mädchen hingewiesen.

Die geschlechtsgebundenen Unterschiede im Ausleben von Aggressionen sind kein Schicksal, schon gar nicht auf anatomische oder biologische Aspekte zu reduzieren.

Auch bei Mädchen müssen Phantasien und Spiele ernst und angenommen werden, auf ihre verborgenen Wunsch- und Symbolgehalte hin gedeutet werden. Denn sie geben Hinweise darauf, auch neue Erfahrungen und Möglichkeiten zu erproben. Denken Sie beim Umgang mit Aggressionen daran: Erziehung wirkt vom «Unbewussten zum Unbewussten». Vor allem Mütter – aber nicht nur sie! – vermitteln ihren Kindern, Jungen wie Mädchen, die eigene und nicht immer ideale Haltung im Umgang mit Aggression.

«Ich mag meinen Papa, aber er ist kaum da!» Jungen brauchen Väter

«Mein Vater», erzählt der zwölfjährige Patrick, «will alles verstehen. Er gibt sich jugendlich, will so sein wie ich. Der hat Inlineskater, zieht sich cool an. Aber ich finde das absolut ätzend. Das ist doch lächerlich. Der ist über vierzig und macht auf jung.»

«Mein Daddy», schreibt der zehnjährige Ole, «mit dem kann ich nichts machen. Er ist nur fad. Da kann ich machen, was ich will. Den regt nichts auf. Der sagt zu allem ‹Ja und Amen!›. Das ist komplett langweilig. Nicht mal streiten kann man mit dem. Der gibt gleich nach. Mach, was du willst, ist sein Satz, den er am häufigsten sagt. Dabei würde ich doch gerne auch mal seine Meinung hören!»

«Ich weiß nicht», greift Ronald, 14 Jahre, ein, «ob du es nicht doch besser hast als ich. Meiner hat nur das Lernen, die Hausaufgaben, die Noten im Sinn. Wenn er abends vom Job nach Hause kommt, geht die Fragerei nach dem Unterricht los. Ich fühle mich wie auf 'ner Anklagebank. Wenn ich nicht so gespurt habe, wie er will, dann kommt sein knallhartes Urteil: Lernen! Lernen! Lernen! Keine freie Zeit.»

Unterhält man sich mit Jungen – ob nun 4 oder 14 Jahre alt –, dann wird immer wieder auf die Bedeutung von männlichen Bezugspersonen – Väter, Opas, Verwandte, Nachbarn, Trainer – hingewiesen. Jungen haben offensichtlich ein Gespür dafür, dass sich männliche Bezugspersonen, die aktiv in die Erziehung eingebunden sind, auf ihre gefühlsmäßige Balance, ihr Selbstwertgefühl und ihre körperliche Gesundheit in den unterschiedlichen Entwicklungsetappen konstruktiv auswirken.

Jungen brauchen Räume und Zeiten ohne Mütter oder weibliche Bezugspersonen. Auch Mütter haben ein Recht auf jungenfreie Zeiten, Zeiten ohne ihre Söhne, in denen sie Gutes für sich tun können. Nur wenn es der Mutter gut geht, sie sich auch in ihrer Rolle als Frau wahrnimmt, geht es den Jungen gut. Mütter brauchen Zeiten für sich, um aufzutanken und Frau zu sein. Jungen können in dieser Zeit erfahren, vom Vater umsorgt zu werden.

Vätertypen

Denn auch ein Vater kann versorgen, kann nähren, kann «bemuttern». Ein fürsorgender Vater kann aus der Sicht von Jungen Vorbild sein, weil auch der fürsorgende Vater Anteile von Männlichkeit an den Tag legt. Und dies kann nur in einer partnerschaftlichen Vater-Sohn-Beziehung aufgehoben sein. Jungen haben ein genaues Gespür, mit welchem Vatertyp sie es zu tun haben. Jungen kritisieren – die eingangs zitierten Gesprächsausschnitte zeigen das – drei Vätertypen:

■ den sich anbiedernden Kumpeltyp,
■ den unklaren Wischiwaschityp,
■ den dominanten, knallhart disziplinierenden General.

Der Kumpeltyp

Der Kumpeltyp ist jener Typ von Mann, der sich als Freund des Jungen versteht, der unabhängig vom Alter sich in Sprache, Mimik, Gestik, Haarschnitt und Kleidung kaum von heranwachsenden Jungen unterscheidet. Der Kumpeltyp ist «berufspubertierend», er macht sich mit den Jungen gemein, stellt sich auf eine Stufe mit ihnen.

Partner des Kindes sein bedeutet, zwei Dinge auseinander zu halten. Väter und Söhne, männliche Erwachsene und Jungen sind niemals gleichrangig. Väter sind ein bis zwei Generationen älter, sie haben Erfahrungsvorsprünge und nicht allein die Glücksmomente des Lebens kennen gelernt. Sie kennen die Wellentäler, waren ganz unten und können den Jungen zeigen, wie man Krisen bewältigt, mit Konflikten produktiv umgeht.

Erfahrungsvorsprünge sind für Jungen nur dann ein Problem, wenn sie als Besserwisserei und Bewahrung vor eigenen Erfahrungen missverstanden werden. Nicht einer Gleichrangigkeit kann somit das Wort geredet werden, auf Gleichwertigkeit kommt es an: Väter sind nicht allein Lehrmeister, von denen die Söhne und Jungen lernen können, umgekehrt gilt es genauso: Jungen sind auch Lehrer, Väter sind Schüler.

Von Kindern kann man mehr lernen als Blödsinn und Rumhängen. Sie sind begnadet im Hinblick auf Intuition und Spontaneität und haben die Fähigkeit, für jede Überraschung gut zu sein, eine Portion Gelassenheit, sich seiner Unvollkommenheit bewusst zu sein, zu den Gefühlen zu stehen.

Der Wischiwaschityp

Neben dem Kumpel, der Generationsgrenzen missachtet, ist der Wischiwaschityp, der Jungen Reibung und Auseinandersetzung vorenthält, ein weiterer Problemtyp.

«Ich kann meinen beiden Jungen, der eine ist acht, der andere neun», so erzählt Hennes Wurnau, Mitte 30, «keine Grenzen setzen. Es geht nicht, weil ich einen fürchterlichen Vater hatte. Der war nie da. Und wenn, war er brutal streng. Es gab keine Schläge, aber seine Worte waren Keulenhiebe. Er konnte zynisch, sarkastisch, gemein sein. Ich habe mir damals geschworen, so werde ich nie als Vater!» Er wirkt entschieden. «So nicht! Ich schreie nicht! Ich lasse viel durchgehen. Ja, das stimmt! Sie sollen es einfach besser haben als ich. Doch nun tanzen mir die beiden auf der Nase rum, provozieren mich, wo sie nur können. Erst wenn ich laut werde, geben sie Ruhe! Es ist fürchterlich, weil ich mir dann vorkomme wie mein Vater!»

«Hatte Ihr Vater auch gute Seiten?» Diese Frage überrascht ihn. Er will prompt verneinen, dann legt sich ein kaum merkliches Lächeln über sein Gesicht: «Er war auf seine Art einfach klar. Wenn er gut drauf war, dann war's toll mit ihm. Dann konnte man mit ihm sprechen, alles von ihm haben.»

«Woran sahen Sie, dass er gut drauf war?»

«An seinen Augen, wie er ging, wie er mich in den Arm nahm! Der Körperkontakt war's. Da fühlte man sich geborgen. Wenn er schlecht drauf war, herrschte eisige Distanz!»

«Woran merken Ihre Jungen, wie es Ihnen geht?»

Er versteht die Frage zunächst nicht: «Wie meinen Sie das?»

«An welcher Mimik, Gestik, an welcher Körperhaltung erkennen Ihre Jungen Ihre Stimmung?»

«Ich bemühe mich, ausgeglichen zu sein, moderat. Die Jungen können doch nichts dafür, wenn ich schlecht drauf bin!»

Bei ihm fällt ein Groschen: «Aber sie wissen wohl oft auch nicht, woran Sie bei mir sind! Tja, das wird's wohl sein!»

Beim Wischiwaschitypen fällt zweierlei auf: Sie haben sich häufig nur unzureichend mit der eigenen Vergangenheit auseinander gesetzt, wollen es alles anders machen. Sie wissen, was sie nicht sein möchten, haben aber für ihre Söhne kein eigenständiges positives Modell entwickelt. Dies spüren die Jungen. Sie reiben sich, um zu erfahren, wie weit sie gehen dürfen, wo die persönlichen Grenzen des Vaters liegen. Stellt er sich nicht dieser Auseinandersetzung, zwingen sie ihn in diese hinein – in einen Konflikt, der nicht selten in einen unwürdigen Machtkampf übergeht.

Der Wischiwaschityp bietet den Söhnen oft vielfältige Aktivitäten an, nimmt ihren Kummer, ihre Sorgen und Nöte ernst, zugleich praktiziert er jedoch oft eine Laisser-faire-Erziehung. Er hält Eingriffe für nicht notwendig, weil er meint, Jungen würden ihren Weg auch so finden.

Dies ist ein Irrtum. Erziehung hat mit Beziehung zu tun. Jungen zu erziehen heißt mithin auch, in eine Beziehung zu ihnen zu treten. Nur wenn eine tragfähige Basis vorherrscht, kann man Höhen und Tiefen, die ja eine Beziehung prägen, auskosten, kann man sich gegenseitig eine Menge zumuten. Wenn Väter die Rolle des Erziehers nicht ausfüllen, dann ziehen sie sich –

aus der Sicht der Jungen – auch aus der Beziehung zurück. Dann fühlen Jungen sich allein gelassen, ohne Bindung, halt- und orientierungslos.

Dieses Gefühl lässt Hilflosigkeit, Ängste des Alleingelassenseins, des Verlassenwerdens aufkommen. Wenn Jungen klein sind, dann schreien sie, wenn der Vater sie wahrnimmt, wenn sie älter werden, dann schreien sie nicht mehr, dann schlagen sie um sich – so lange, bis man sie wahrnimmt. Negative Zuwendung ist für sie auch eine Form der Zuwendung und eine bessere als gar keine.

Der General

Und dann gibt es noch den «General», den die Mutter des zwölfjährigen Franz so beschrieben hat: Ihr Mann, der Günter, so beginnt sie, habe sich jahrelang aus der Erziehung herausgehalten – nach dem Motto: «Mach du mal!» Sie ist zornig: «Seit einem halben Jahr greift er in die Erziehung ein, so als wolle er ausdrücken: ‹Du hast genügend herumexperimentiert, nun lass mich mal ran. Ich geb dem Franz den letzten Schliff.› Nun ist Günter streng, kritisiert ununterbrochen, maßregelt, wo er nur kann!» Sie ist sauer: «Und dies nur beim Thema Schule und Hausaufgaben. Seine Erziehung reduziert sich auf drei Wörter: Lernen! Lernen! Lernen! Und bringt Franz dann nicht die gewünschten Ergebnisse, dann darf er nicht zum Sport, das Fernsehen wird gestrichen, Freunde sieht er nur aus der Ferne. Neulich fing er mit Hausarrest an!» Sie tippt sich an die Stirn: «Hausarrest! Wer soll das kontrollieren?» Sie deutet mit dem Finger auf sich. «Ich natürlich! Der degradiert mich zu seiner Bodentruppe, dieser General! Aber da hat er sich getäuscht! Das gab einen Streit, kann ich Ihnen sagen!»

Viele Väter intervenieren erst spät in die Erziehung von Jungen. Aber wer sich jahrelang aus diesen Dingen herausgehalten hat, dem fehlen nun schlichtweg Kompetenzen. Das väterliche Mittun hat auf allen Entwicklungsstufen eines Kindes eine herausragende Bedeutung. Auch Väter können bemuttern, auch sie können in jungen Jahren des Sohnes Fürsorglichkeit und Geborgenheit vermitteln. Man muss sie nur lassen, ihnen das zutrauen.

Väter und Mütter erziehen anders, stehen im unterschiedlichen Kontakt zu den Jungen. Je sensibler und feinfühliger der Vater in den jungen Jahren des Sohnes ist, desto fester ist die Vater-Junge-Beziehung auch in den kommenden Entwicklungsphasen – bis in das Erwachsenenalter hinein. Zeigen sich die Väter geduldig und zugewandt, dann übernehmen dies Jungen in ihr späteres Verhaltensrepertoire. Bei Jungen hingegen, die von wenig einfühlsamen Vätern ins Leben begleitet werden, fällt auf, dass sie sich nicht selten misstrauisch und zugeknöpft geben.

Der General erzieht nicht anders, gar unterschiedlich, er tritt in Konkurrenz zum mütterlichen Erziehungsstil. Vater und Mutter sind sich uneinig, in einem unendlichen Machtkampf verfangen. Um es an der geschilderten Situation zu verdeutlichen: Es geht dem Vater von Franz darum, seine Position mit allen Mitteln durchzudrücken. Er will Recht behalten und übt damit Macht aus. Letztendlich ist ihm das Thema «Schule» gleich – es könnten auch andere Themen (Rauchen, Disko, Kleidung, Haarschnitt) sein, an denen sich der Machtkampf entzündet.

Der General geht mit dem Jungen streng, ja hart um, ist ausgesprochen kritisch, neigt zu überzogenen Strafen, erkennt die positiven Persönlichkeitsanteile des Sohnes nicht, findet immer noch ein Haar in der Suppe. Präsentiert der Sohn eine Zwei in der Mathearbeit, kann ein Standardsatz des Generals lauten: «War doch schon besser als letztes Mal! Warum nicht gleich so!» Oder: «Ohne den Flüchtigkeitsfehler wäre das eine Eins gewesen! Sei nächstes Mal konzentrierter!»

Differenzen in Erziehungsfragen

Die Mutter des sechzehnjährigen Thomas erzählt, sie habe in manchen Erziehungsfragen eine andere Auffassung als ihr Mann. Das Elternpaar schildert eine Situation. Die Mutter sagt: «Probleme gibt es in der letzten Zeit bei schulischen Angelegenheiten, vor allem bei der Erledigung der Hausaufgaben. Ich habe mit Thomas vereinbart, dass er den Zeitpunkt dafür selbst bestimmen kann. Ich meine, er ist groß genug.»

«Damit ist er absolut überfordert», wirft Thomas' Vater ein, «das siehst du ja. Oder du willst es nicht sehen. Er ist doch nur aufs Vergnügen, den Spaß aus. Dann macht er seine Aufgaben nicht oder spät in der Nacht.» Er blickt seine Frau vorwurfsvoll an: «Du hilfst ihm noch dabei, wenn er was nicht schafft. Du unterstützt seine Schlamperei, und die Folgen sind schlechte Schulleistungen. Willst du das etwa leugnen? Bei mir gibt's so was nicht. Erst die Arbeit und dann das Vergnügen. Damit bin ich gut gefahren. Und du schließlich auch!»

Thomas' Mutter hört ihrem Mann geduldig zu: «Ich denke, es hat schon funktioniert. Aber du machst mit deiner impulsiven Art vieles schwieriger. Nun weiß der Junge nicht mehr, woran er ist. Ich spreche mit ihm etwas ab, dann kommst du nach Hause und wirfst alles über den Haufen. Aber eben auch nicht immer. Das hängt letztlich davon ab, wie du gelaunt bist.» Sie lächelt: «Dass Thomas das ausnutzt, ist doch klar. Wir machen es ihm relativ leicht.»

Thomas' Mutter hat hier einen wichtigen Gesichtspunkt angesprochen. In elterlichen Auseinandersetzungen über unterschiedliche Erziehungsstile steht schnell die Frage im Mittelpunkt, welche Haltung denn die «allein richtige» sei oder wer «Recht habe». Man streitet sich und übersieht dabei: Kinder und Jugendliche können mit unterschiedlichen Erziehungsauffassungen sehr wohl umgehen. Es ist sogar eine zentrale Entwicklungsaufgabe, dass Jungen lernen, mit verschiedenen Menschen umzugehen, die spezifische Einstellungen haben. So erfahren Jungen im Kindergarten, Hort oder in der Schule, dass manches von dem, was zu Hause möglich ist, dort nicht läuft. Oder sie erleben: Der Kontakt zu den Eltern ist ein anderer als zur Kindergärtnerin oder zum Lehrer, der zu den Großeltern ein anderer als der zu Bekannten. Der Junge vergleicht Erziehungsstile, er bewertet sie. Die Begegnung mit differierenden Erziehungsstilen macht Heranwachsende lebenstüchtig. Dies trifft auch dann zu, wenn es um Unterschiede in den Erziehungsauffassungen von Vater und Mutter geht.

Doch müssen Jungen sicher sein, an wen sie sich in bestimmten Situationen halten können. Es muss klar sein, wer die Verantwortung in der konkreten Alltagssituation trägt. Dies stellt das entscheidende Problem von Thomas' Eltern dar. Die Mutter trifft Absprachen, ist mithin die Verantwortliche, der Vater schmeißt ihre Zuständigkeit – inkonsequent, weil je nach Tagesform – über Bord, fühlt sich dann aber nicht mehr zuständig. Thomas' Mutter: «Dann schreit mein Mann rum. Mein Sohn schließt sich im Zimmer ein, und ich versuche, die Stimmung in der Familie aufzufangen. Ganz schlimm ist es, wenn mein Mann Thomas damit droht, ihm eine Woche lang das Fernsehen zu verbieten. Und ich soll dann seine Strafe auch noch kontrollieren.» Trotzig fügt sie hinzu: «Da lasse ich mich nicht einspannen!»

Wechselt die Verantwortlichkeit in einer Erziehungssituation, geht sie – ohne Absprache für Heranwachsende uneinsichtig – von einer Person zur anderen über, ist Orientierungslosigkeit die Folge. Jungen nutzen elterliche Uneinigkeit aus, sie spielen die Beteiligten gegeneinander aus. Es geht nicht darum, auf die Austragung von Meinungsverschiedenheiten vor Kindern um jeden Preis zu verzichten. Das können sie dann sehr wohl aushalten, wenn ihnen die elterlichen Positionen klar sind und wenn sie versöhnliche Konfliktlösungen erleben. Wenn man mit der Haltung des Partners oder der Partnerin nicht einverstanden ist, kann man dies in einer ruhigen Minute im Nachhinein diskutieren. Auseinandersetzungen in der konkreten Situation sind nicht sinnvoll und führen zumeist nur zu Schuldzuweisungen.

Unterschiedliche Einstellungen dürfen nicht dazu missbraucht werden, sich beim Jungen einzuschmeicheln: «Bei mir darfst du mehr als bei ...», oder eine andere Person emotional herabzusetzen: «Ich bin netter zu dir als ...» So bringt man Kinder in große Loyalitätskonflikte. Unterschiedliche Einstellungen sollten nicht dazu eingesetzt werden, sich als besserer Erzieher gegenüber dem Partner oder der Partnerin darzustellen. Die daraus resultierenden Konflikte verschlechtern das Familienklima und führen zu gestörten Eltern-Kind-Beziehungen, die nichts mit Erziehungsstilen zu tun haben, sondern Machtkämpfe in der Partnerschaft ausdrücken. Unterschiedliche Erziehungsstile können nur auf der Grundlage von verbindlichen Grundprinzipien praktiziert werden: etwa Partnerschaftlichkeit, klare Grenzen, Festigkeit, Achtung des Kindes, ein angemessenes Verhältnis von Nähe und Distanz.

Männer und Frauen erziehen einfach anders

Es kommt darauf an, sich gegenüber den Jungen nicht als besserwissender Vater und Macho aufzuspielen. Frauen erziehen anders. Indem der Vater diese Fähigkeiten der Mutter anerkennt, stellt der Mann ein Vorbild dar, wie er mit Frauen umgeht. Dies gilt freilich auch umgekehrt: Der von der Mutter entmachtete Vater wirkt schwach, ihn nehmen Jungen nicht für voll. Dies gilt insbesondere für die Kleinkinderziehung. Das ist keineswegs nur die ganz natürliche Domäne von Müttern. Das ist auch eine ideologisch überhöhte Zuschreibung.

Jungen und ihre Väter

Auch Männer können Fürsorge gegenüber Babys und Säuglingen zeigen, aber sie tun dies anders: Sie spielen mehr und intensiver mit Jungen, agieren temperamentvoller und körperorientierter, sie sind klarer in der Ansprache. Dies gilt freilich nur für partnerschaftliche Väter, die sich freiwillig auf die Kinder einlassen. Die Zeit, die Väter mit ihren Jungen verbringen, sollte nicht unter quantitativen als vielmehr unter qualitativen Gesichtspunkten stehen.

Manchmal mutieren spielende zu «kindischen» Vätern, die nicht mehr wirklich in Beziehung zu den Kindern treten. Sich auf die Jungen einzulassen meint, die Generationsgrenzen zu wahren und sie nicht zu verwischen.

So anregend es sein kann, wenn Väter ihren Söhnen die Welt zeigen, so problematisch ist es, wenn daraus eine Überforderung wird. Ein Vater sollte nicht versuchen, ein Kind nach seinen Vorstellungen zu formen.

Jungen wünschen sich Männer, wenn es darum geht, mit Aggressionen umgehen zu lernen. Sie spüren, dass Mütter hier größere Probleme haben. Der väterliche Umgang mit den Aggressionen ihrer Söhne sollte sich allerdings nicht nach dem Motto: «Jungen sind eben so!» gestalten. Jungen wollen Begleitung und Unterstützung durch ihre Väter, weil das eine notwendige Ergänzung, besser, ein Korrektiv zur mütterlichen Erziehung sein kann. Doch sie wünschen sich Väter, die ihre Aufgabe nicht als lästiges Muss durchführen und die während der gemeinsamen Zeit nah bei ihnen sind.

Es ist ein schmaler Grat, auf dem Väter (aber auch Mütter) da wandeln:

«Mein Vater ist sehr viel unterwegs. Deshalb ist er wenig zu Hause. Er kümmert sich wenig», so erzählt der zwölfjährige Max. «Aber wenn er da ist, ist er für mich da, ist interessiert. Natürlich interessiert sich meine Mutter auch, aber irgendwie anders.»

«Also, meine Mutter ist ständig da. Das ist manchmal nervend, weil sie mit dem Diskutieren kein Ende findet», beschreibt der knapp zwölfjährige Julius die Situation. «Papa weiß häufig nicht alles, was bei mir läuft, weil er weniger da ist. Aber er will auch nicht alles wissen.»

Jungen erkennen sehr schnell, ob hinter der väterlichen (aber auch mütterlichen) Zeitknappheit Desinteresse steht. Spüren Jungen so etwas, interpretieren sie dies als Gleichgültigkeit und Alleingelassenwerden. Störendes, auffallendes, nicht selten grenzverletzendes Verhalten ist die Folge mit dem Ziel, Zuwendung zu bekommen.

Väterliche Distanz wird dagegen – auf der Basis einer gefühlsmäßig festen Beziehung und Bindung – durchaus als angenehm empfunden. Denn Distanz schafft Raum, gibt Heranwachsenden eine Chance, Persönlichkeitsanteile ohne Beobachtung und Kontrolle auszuleben. Distanz kann Konflikte um alltäglichen Kleinkram minimieren.

Jungen erkennen, bewerten und benutzen die unterschiedlichen Rollen, die Mütter und Väter im Familienleben einnehmen. Mutter und Vater haben spezifische Erziehungs- und Beziehungsqualitäten. Da weisen Jungen den Vätern besondere Aufgaben zu:

Sie schätzen an den Vätern die spielerischen und sportlichen Fähigkeiten und freuen sich vor allem über außerhäusliche Unternehmungen – insbesondere in der Phase der Vorpubertät. Doch auch hier gilt: Es nützt wenig, eine Aktivität aus schlechtem Gewissen anzuzetteln. Jungen spüren, ob dies mit ganzem Herzen erfolgt.

In der Pubertät drehen sich die Gespräche mit den Vätern

mehr um Zukunftsfragen. Nun kommt ihnen eine besondere Verantwortung zu. Pubertierende Jungen wollen ernst genommen werden. Haben sie das Gefühl, stellvertretend unerfüllte Wünsche und Bedürfnisse ihrer Väter ausleben zu müssen, dann sind Machtkämpfe vorprogrammiert.

Die väterliche Distanz kann die Loslösung der pubertierenden Jugendlichen vom Elternhaus erleichtern. Väter können Vorbild für eine Beziehung sein, in der Distanz respektiert wird und in denen Freiräume möglich sind. Doch Distanz darf nicht als Freibrief missverstanden werden, sich aus der Beziehung mit Jungen zu verabschieden.

Nachwort

Der starke Junge von heute ist kein Einzelkämpfer mehr. Wurde vor noch nicht allzu langer Zeit von Jungen erwartet, sich wie kleine typische Männer zu gebärden, so ist es genau das, was ihnen jetzt Probleme bereitet. Denn nicht nur das Männerbild, auch das Jungenbild ist Wandlungen unterworfen. Aber eine klare Vorstellung davon, wie Eltern ihre Jungen erziehen wollen oder sollen, kristallisiert sich erst allmählich heraus.

Ein starker Junge ist ein Kind, das auf dem Weg zum Erwachsenwerden all seine positiven Eigenschaften ausleben und behalten darf, und dazu gehören sowohl «weiche» – traditionell weibliche – als auch «harte» – traditionell männliche. Je nach Situation kann er alles leben. Die Soziologen bezeichnen diese Menschen als androgyn, d. h. weiblich und männlich zugleich.

Das Bild vom starken Jungen bedeutet für Eltern und Jungen ein Dilemma. Das, was viele Eltern sich von Jungen wünschen, macht sie bei ihren Alters- und Geschlechtsgenossen nicht unbedingt beliebt. Macho-Verhalten und Coolsein gehören zum Jungenleben dazu. Wer da nicht mitmacht, gilt schnell als Außenseiter, wird gehänselt, in die Ecke gestellt. Außerdem, und das begreifen viele Erwachsene nur schwer, können Jungen häufig nicht anders. Jungen sind weder kleine Männer noch kleine Mädchen. Jungen sind Kinder. Und fast alle ihre intellektuellen Fähigkeiten und Persönlichkeitsmerkmale unterscheiden sich eben nicht von denen der Mädchen. Doch Jungen haben einen anderen Chromosomenaufbau und eine andere Gehirnstruktur. Und beides bewirkt das geschlechtstypische (aber nicht: geschlechtsspezifische!) Verhalten: das Toben, das

Bestimmenwollen, die Vorliebe für actionbetonte Gruppenspiele, die Ablehnung von Mädchen.

Viele Eltern akzeptieren das unterschiedliche Spielverhalten und die Geschlechtertrennung. Mit einigen typischen Handlungsmustern aber haben viele Väter und Mütter Probleme: mit dem Machotum, mit der latenten Bereitschaft zu offener Gewalt, mit der scheinbaren «Gefühllosigkeit», mit dem Spaß an Regelübertretungen und mit den nicht genügenden Schulleistungen. Insbesondere Letztere führen zu Familiendramen. Doch Jungen lernen anders, sie handeln verschieden. Ihr Lernverhalten ist nicht unbedingt systemkonform, die koedukative Schule tut sich mit Mädchen häufig leichter. Denn diese können besser still sitzen, sie sind «braver» und feinmotorisch sowie sprachlich den Jungen voraus.

Lauter starke Jungen – das klingt paradox, wenn man die erwachsenen Jungen, also die Männer, näher betrachtet. Sie sind krankheitsanfälliger (und zwar von Geburt an), sie haben ein schlechteres Autoimmunsystem, zeigen Widerstände gegen Arztbesuche und sorgen damit schlechter für sich. Die Folge ist eine kürzere Lebenserwartung. Wenn man bedenkt, dass heute immer mehr Frauen eine Partnerschaft von sich aus, weil sie sich im Zusammenleben benachteiligt fühlen, beenden, zeigt sich ein weiteres Dilemma der Männer von heute, die auch einmal Jungen waren.

Eltern müssen Jungen darin unterstützen, ihre Chance auf ein erfülltes Leben, auf Gesundheit, eine funktionierende Partnerschaft und einen die Existenz sichernden Beruf zu nutzen. Nicht zuletzt in der Arbeitswelt sind heute die «weichen», traditionell weiblichen Eigenschaften gefragter denn je.

Eine Tatsache gilt es dabei zu akzeptieren: Jungen sind häufig schwieriger und anstrengender zu erziehen als Mädchen. Doch das ist eine Faustregel, und die hat bekanntlich viele Ausnahmen. Jungen brauchen mehr Verständnis, mehr Begleitung, mehr Toleranz (nicht zu verwechseln mit Laisser-faire). Eltern sind nicht «schuldig» an vielen Problemen, die beim Erziehen von Jungen entstehen. Aber Jungen brauchen Eltern, die um ihre Entwicklung wissen – und zwar sowohl ihre körperliche als auch ihre seelische. Wobei man beides gar nicht trennen kann, jeder Testosteronschub – ob im Alter von drei, sechs oder elf Jahren – bewirkt auch eine Phase, in der der Junge sich macho-haft, konkurrent, angeberisch verhalten muss. Eltern können diese Verhaltensweisen nicht unterdrücken, sie können ihrem Jungen nur helfen, sie zu überwinden. Eltern müssen sich klar machen: Jungen brauchen diese Phasen, sie müssen erfahren, was es heißt, sich wie ein typischer Macho zu benehmen. Au-ßerdem helfen sich Jungen selber mit diesem Verhalten. Denn nie sind sie so unsicher wie in den Zeiten, in denen ihr Körper ihnen diktiert, sich wie ein Rambo aufzuführen. Die vorgefer-tigten typisch männlichen Rollen sind für sie dann wie ein Kor-sett, aber ein willkommenes. Die Gruppen mit anderen Jungen haben eine ähnliche Funktion, sie vermitteln Zugehörigkeit und Abgrenzung zugleich.

Jungen haben ein Recht auf Eltern, die sie begleiten. Dabei kommen Vätern und Müttern nicht die gleichen Aufgaben zu. Jungen verlangen nach ihrem Vater, weil sie einen Spielpartner brauchen, der mit ihnen rangelt und tobt und ihre Begeiste-rung für körperliche Aktivitäten teilt. Jungen brauchen ein Vor-bild. Sie brauchen einen Vater, der Zeit hat, der seinem Sohn vorlebt, wie ein Mann sich partnerschaftlich zu seiner Frau ver-hält und Verantwortung im Haushalt übernimmt. Jungen ha-ben ihre Väter bitter nötig.

Im echten Leben sind viele Väter aber selten da, weil sie mit ihrem Beruf verheiratet sind. Oder sie leben nicht mehr mit der Familie zusammen, weil die Partnerschaft auseinander gegan-gen ist. Söhne von solchen Vätern brauchen andere männliche

Bezugspersonen, an denen sie sich reiben können. Doch – und das ist ein verlässlicher Erfahrungswert – auch Jungen aus Ein-Eltern-Familien suchen und finden ihren Weg.

Mütter gehören genauso zum Leben eines Jungen. Und zwar nicht nur als die versorgende Person, sondern als aktiv Handelnde. Jungen brauchen Mütter, die mit ihnen etwas unternehmen. Mütter sollten gesprächsbereit sein, und zwar vor allem dann, wenn ihre Söhne nach Gesprächen suchen. Nicht zuletzt brauchen Söhne Mütter, die sie aus ihren Fittichen entlassen und die Verantwortung bewusst an die Väter abgeben. Auch Väter können Kinder versorgen. Und zwar genauso gut wie Frauen – man muss sie nur lassen.

Jungen brauchen Eltern, die ihnen eine gleichwertige Partnerschaft vorleben. Dann lernen sie, dass Eltern nicht nur Mutter und Vater sind, sondern eben auch Mann und Frau, die nicht allein in ihrer Elternrolle aufgehen.

Empfehlenswerte Literatur

Baacke, Dieter: Die 0–5-Jährigen, Weinheim 1999

ders.: Die 6–12-Jährigen, Weinheim 2001

ders.: Die 13–18-Jährigen, Weinheim 2000

Badinter, Elisabeth: XY: Die Identität des Mannes, München 1993

Bassoff, Evelyn S.: Mutter und Sohn. Eine besondere Beziehung, Düsseldorf 1997

Bell, Ruth (Hg.): Wie wir werden, was wir fühlen, Reinbek 1996

Benard, Cheryll/Schlaffer, Edit: Mütter machen Männer, München 1994

dies.: Einsame Cowboys. Jungen in der Pubertät, München 2000

Faulstich-Wieland, Hannelore: Geschlecht und Erziehung, Grundlagen des pädagogischen Umgangs mit Mädchen und Jungen, Darmstadt 1995

Geo Wissen, Sonderheft «Frau & Mann. Alte Mythen. Neue Rollen», Nr. 26, 8/2000

Goleman, Daniel: EQ^2. Der Erfolgsquotient, München, Wien 1999, S. 22 f.

Kohnstamm, Rita: Praktische Kinderpsychologie, Bern 1984/1990/1997

Kucklick, Christoph: Was Vatersein so besonders macht, in: Geo, Nr. 1, 1/2001, S. 144–172

Lazar, Thomas: Bodyguide Mann. Fakten, Vorurteile, Funktionen, Reinbek 2000

Maccoby, Eleanor E.: Psychologie der Geschlechter. Sexuelle Identität in den verschiedenen Lebensphasen, Stuttgart 2000

Mackoff, Barbara: Was wollen die Mädchen. 7 Strategien zur Erziehung selbstbewusster Töchter, Weinheim 1998

Pollack, William F.: Richtige Jungen. Was sie vermissen, was sie brauchen – Ein neues Bild von unseren Söhnen, Bern/München/Wien 1998

Rohrmann, Tim: Jungen in Kindertagesstätten, Freiburg 1998

Schnack, Dieter/Neutzling, Rainer: Kleine Helden in Not. Jungen auf der Suche nach Männlichkeit, Reinbek 1990, 2000

Zeltner, Eva: Weder Macho noch Muttersöhnchen. Jungen brauchen eine neue Erziehung, München 1999